Roland R. Geisselhart
Vokabeln lernen wie im Schlaf

Roland R. Geisselhart

Vokabeln lernen wie im Schlaf

Unter Mitarbeit
von Dr. phil. S. Musmeci

Delphin

© 1989 Delphin Verlag GmbH, München.
Alle deutschen Rechte vorbehalten.
Umschlaggestaltung Manfred Waller, Hamburg
Zeichnungen von Sebastian Huber, Rosenheim
Satz: Uhl + Massopust, Aalen
Druck und Bindung:
Clausen & Bosse, Leck
Printed in Germany. ISBN 3.7735.5399.4

Vorwort

Dieses Buch ist ein Trainingsleitfaden, auf den Sie das ganze Leben zurückgreifen können.

Es kann nicht nur Ihnen helfen, sondern gleichzeitig Ihrem Partner, Ihren Freunden, Ihren oder den Nachbarkindern und jedem Menschen, der nur irgendwie mit Lernen oder beruflicher und privater Fortbildung zu tun hat.

Die Kombination der hier gezeigten Methoden führt zu der Oberstufe des Lernens, dem Vokabellernen.

Sie werden nach Beendigung dieser Lektüre mit ganz neuen Augen auf Ihre eigene, gesteigerte Lernfähigkeit schauen und denken:»Schade, daß ich diese Methode nicht schon früher kannte.«

Ich habe hier bewußt Neues ins Spiel gebracht, damit das Lernen und die Wiederentdeckung Ihrer schlummernden Fähigkeiten wie ein Abenteuer auf Sie wirkt.

Entdecken Sie das Abenteuer Ihres Denkens. Eröffnen Sie sich neue Horizonte.

Lernen Sie die unglaublichsten Lerntechniken kennen, die es derzeit auf dem Erdball gibt. Erwerben Sie ein Gedächtnis, von dem Sie bisher nur zu träumen wagten. Übertreffen Sie sich selbst.

Inhalt

Einleitung

Sie haben ein interessantes Hobby gewählt: Gedächtnistraining und speziell: *Vokabeln lernen*.
Ihre Lernerfolge werden Sie überraschen.
Gerade heute in unserem Zeitalter der Informationsüberflutung wird dieses Training immer wichtiger.
Sie werden nach kleinen anfänglichen Hürden, die Sie stufenweise leicht bewältigen, überrascht feststellen, daß Ihre Lern- und Merkfähigkeit beachtlich gesteigert werden kann.
Von einer Verdoppelung Ihrer Lernfähigkeit ausgehend, werden Sie mit den hier aufgezeigten Methoden durchaus eine *Verdreifachung*, evtl. sogar *Verfünffachung* Ihrer bisherigen Lernleistung erreichen. Und dies alles nach dem Motto:

Je lockerer und leichter, desto mehr Stoff
bzw. Vokabeln sind merkbar.

Sie werden fragen, warum Ihnen diese Lernmethoden dann nicht schon während Ihrer Schulzeit beigebracht worden sind, wenn diese so gut sind.
Nun, die Antwort ist einfach: Damals gab es diese Entdeckungen noch nicht. Und schon gar nicht in der Perfektion, wie wir sie heute haben.
In über 900 Seminaren – vorwiegend in der Industrie – konnte ich mich immer wieder von dem sofortigen, für die Teilnehmer oft überraschenden Erfolg überzeugen.
Dabei machte ich die Feststellung, daß Lernerfolge individuell verschiedenartig ausfallen, je nachdem, welche Veranlagungen bei einem Menschen vorhanden sind.

Gerade diesem Aspekt wird unsere Trainingsmethode in besonderer Weise gerecht.

Nach wenigen Tests werden Sie wissen, was Sie für ein Lerntypus sind und wie Sie Ihre besten Lernbegabungen leichter entfalten können.

Mit der Orientierung an der eigenen Persönlichkeitsstruktur macht Lernen wirklich wieder Spaß.

Gerade die Freude am Lernen ist die beste Motivation für gute Ergebnisse.

Viel Spaß dabei.

Entdecken Sie das Neuland Ihrer Möglichkeiten.

Lerntest

*Gehören Sie zum aktiven
oder zum passiven Lerntyp?*

Lesen Sie nachfolgende 23 Gegensatzpaare spontan durch und kreuzen Sie einfach den Satz an, der vorwiegend auf Ihre inneren Eigenschaften zutrifft. Die Tendenz genügt schon zum Ankreuzen.
Stellen Sie beides bei sich fest, so kreuzen Sie einfach beide Seiten an:

Aktiv	**Passiv**
1. Neigen Sie mehr dazu, selbst zu sprechen und öfter das Wort zu ergreifen?	Hören Sie lieber zu und lassen andere reden? ✗
2. Drängen Sie sich in den Vordergrund?	Bleiben Sie lieber im Hintergrund? ✗
3. Neigen Sie manchmal dazu, etwas unbescheiden zu sein?	Haben Sie eine natürliche Bescheidenheit an sich? ✗
4. Können Sie Ihre Ideen und Vorstellungen leicht und klar formulieren?	Fällt es Ihnen etwas schwer, Ideen und Vorstellungen zum Ausdruck zu bringen? ✗
5. Sind Sie von sich selbst überzeugt?	Plagen Sie manchmal einige Selbstzweifel? ✗
6. Ist Ihr Leben mehr Ihrem Willen unterworfen? ✗	Ist Ihr Leben mehr von Gefühlen bestimmt?
7. Halten Sie sich für einen mehr aktiven Menschen? ✗	Halten Sie sich für einen mehr passiven Menschen?

8. Brauchen Sie Ihren eigenen Freiraum?

Suchen Sie mehr nach Geborgenheit?

9. Tendieren Sie zu der Devise: »Nur keinen Streit vermeiden?«

Gehen Sie einem Streit lieber aus dem Wege?

10. Brauchen Sie in der Partnerschaft Ihren freien Abend, an dem Sie allein weggehen?

Versuchen Sie, möglichst viele Unternehmungen gemeinsam durchzuführen?

11. Brauchen Sie im Zusammenleben Ihr eigenes Arbeitszimmer?

Führen Sie irgendwelche Tätigkeiten zu Hause lieber gemeinsam mit dem Partner im selben Raum aus?

12. Beharren Sie auf Ihren eigenen Meinungen?

Passen Sie sich bei der Meinungsbildung gern an?

13. Brauchen Sie regelmäßige sportliche Betätigung?

Lieben Sie mehr die Ruhe?

14. Haben Sie öfter ein Bedürfnis nach Kino und Fernsehen?

Hören Sie lieber gute Musik?

15. Überfordern Sie sich öfter?

Tun Sie nur soviel, wie dies Ihnen harmonisch erscheint?

16. Sind Sie manchmal laut?

Sind Sie eher leise?

17. Könnten Sie sich vorstellen, ein Produkt Ihrer Wahl im Außendienst zu vertreiben?

Lieben Sie mehr eine geordnete, regelmäßige Tätigkeit?

18. Haben Sie ein starkes »Ich-Gefühl«?

Üben Sie mehr Nächstenliebe?

19. Ist Ihnen Ihre eigene Selbstverwirklichung wichtig?

Neigen Sie eher zu Mitgefühl und Opferbereitschaft?

20. Kommen Sie öfter zu spät, weil Sie die Zeit zu knapp einschätzten?

Gehen Sie lieber von zu Hause rechtzeitig weg, um nicht hetzen zu müssen?

21. Sind Sie ein guter Unterhalter?

Sind Sie ein guter Zuhörer?

22. Treten Sie öfter bei anderen ins Fettnäpfchen?

Haben Sie ein gutes Einfühlungsvermögen?

23. Geben Sie öfter Ratschläge?

Neigen Sie dazu, andere um Rat zu fragen?

Testauswertung

Bitte beantworten Sie die Testfragen ganz spontan. Für Ihre Lernsituation benötigen wir kein genaues Testergebnis. Es kommt lediglich darauf an festzustellen, ob bei Ihnen die Aktiv- oder die Passiv-Tendenzen überwiegen.

Überwiegen Ihre aktiven Eigenschaften, so fällt es Ihnen leichter, mit Ihrer bildhaften Vorstellungskraft visuell zu lernen. Stehen Ihre passiven Fähigkeiten im Vordergrund, so lernen Sie leichter in Entspannung über das Gehör.

Bei Beginn des Lernens sind Erfolgserlebnisse zur weiteren Motivation sehr wichtig, daher sollten Sie mit Ihren Stärken beginnen.

Obwohl Ausgeglichenheit ein Ideal ist, finden wir doch selten einen Menschen, bei dem das Lernen durch das Auge (aktives Lernen) im selben Maße entwickelt ist wie die Fähigkeit, über das Ohr in Entspannung zu lernen (passives Lernen).

Beginnen Sie also mit der Lernfähigkeit, die bei Ihnen stärker ausgeprägt ist, und ich garantiere Ihnen rasche Anfangserfolge. Später, sobald Sie dann mit den ersten Erfolgen ein Stück weitergekommen sind, können Sie die gegenteilige Lernmethode integrieren, um Ihre Lernfähigkeiten zu vervollkommen.

Vielleicht interessiert es Sie noch, mit einem Blick festzustellen, welche Lernmethodik bei den Menschen Ihrer Umgebung sofort zündet. Dann schauen Sie sich einfach nachfolgende Tabelle kurz an:

Innere Eigenschaften für aktives Lernen	Innere Eigenschaften für passives Lernen
warm	weich
dominant	entgegenkommend
zielstrebig	liebevoll
expanisv	intuitiv
heftig, wollend	ruhig
explosiv	fühlend
aufbrausend	gleichgültig
dynamisch	vorsichtig
distanzierend	tiefbewegt
antriebsstark	gemütvoll
leidenschaftlich	ernsthaft
großzügig	vorsichtig
stolz	duldsam
unsentimental	gedankenschwer
läßt sich fördern	sich abschirmend
schwungvoll	einfühlend
selbstbewußt	mitfühlend
schnell im Denken	mitleidevoll

Dies sind die positiven Eigenschaften Ihrer Persönlichkeitsstruktur. Wie schon gesagt, es genügt zu erkennen, welche überwiegen. Die anderen, entgegengesetzten Eigenschaften sind dann entsprechend weniger gegenwärtig. Beide Eigenschaften und Anlagen, auch wenn sie anfangs nur minimal vorhanden sind, fördern in jeder Weise Ihren Lernfortschritt und früher oder später damit die Menge der von Ihnen gesprochenen Sprachen.
Überfliegen Sie noch kurz negative Eigenschaften, die einen Lernfortschritt behindern und verzögern:

Aktive Eigenschaften, die den Lernfortschritt verzögern	Passive Eigenschaften, die den Lernfortschritt verzögern
uneinsichtig	zweiflerisch
unbeherrscht	grüblerisch
rechthaberisch	unentschlossen
egozentrisch	verzagt
verletzbar	mutlos
empfindlich	schwerfällig
zornmütig	Selbstzweifel
hart gegen andere	gleichgültig
aggressiv	trüb gestimmt
trotzig	düster
heftig	resigniert

Solche negativen Eigenschaften (falls vorhanden) können Sie reduzieren, indem Sie einfach die schon erwähnten positiven Eigenschaften verstärken, so daß für die negativen weniger Zeit und Platz im Spielfeld Ihres Bewußtseins bleibt. Das ist leichter und bringt raschere Resultate, als die negativen abzubauen zu versuchen.

Bedenken Sie, daß aus noch so kleinen inneren Eigenschaften früher oder später Fähigkeiten werden.

Beginnen Sie mit Ihren Stärken:
Überwiegen bei Ihnen die Aktiv-Eigenschaften sehr, so lesen Sie einfach weiter; überwiegen Ihre Passiv-Eigenschaften, so schlagen Sie bitte sofort Seite 126 auf, um mit dem passiven Lernen zu beginnen.

Hier geht es also weiter für den aktiven Lerntyp: Füllen Sie bitte nachfolgenden Gedächtnistest rasch und spontan aus:

Die Zielsetzung

Setzen Sie sich am Anfang Ihrer Lernbemühungen irgendein Ziel, beispielsweise:

☐ Ich lerne Sprachen, um mein persönliches Ansehen zu steigern.
☐ Ich lerne Englisch, um in englischsprachigen Ländern sprechen zu können.
☐ Ich werde 1000 Vokabeln Commercial English lernen, um englische Geschäftsbriefe besser zu verstehen.
☐ Ich erweitere meine Italienisch-Kenntnisse, weil ich im Urlaub nach Rom fahre.

Je besser und klarer Ihre Zielvorstellung ist, desto direkter Ihre Motivation und desto kürzer läßt sich der Weg zu diesem Ziel ohne große Umwege erreichen. Dies ist auch zur Aufrechterhaltung der Motivationen wichtig.

Sie sollten wissen, was Sie wollen; dann können Sie innerlich Ihre Absicht, das Lernziel zu erreichen, leichter verstärken. Mit der Steigerung der Absicht kann (fast) alles erreicht werden. Absicht verhilft Ihnen dazu, selbstverursachend zu denken, zu lernen und zu handeln. Dies gilt auch für andere Gebiete. Absicht ist Ursache. Absicht ist Wegweiser. Absicht ist Kompaß.

Sie können nur etwas erreichen, wenn Sie fortwährend die *Absicht* haben, etwas zu erreichen.

Fördern Sie durch häufiges Erinnern Ihre guten und edlen Absichten. Helfen Sie mit Ihren Lernerfahrungen anderen Menschen, die sich eventuell noch mit »steinzeitlichen« Lernmethoden abmühen.

Alles ist eine Frage der inneren Einstellung: wie man es anschaut. Sie sollten sich bewußt sein, daß die Aneignung von Lerntechniken ein bedeutender Schritt im Leben ist, oft die Voraussetzung zu beruflichem Erfolg bildet und zu einem besseren Verstehen des Lebens führt.

Ein Mensch, der mehr versteht und bewußter denkt, ist einem, der unbewußt handelt, im Lebenskampf immer überlegen. Aus jedem bewältigten Lernschritt ergeben sich früher oder später eine Menge Vorteile. *Buchen Sie Vorteile.* Planen Sie im voraus. Lesen Sie dieses Buch ruhig zweimal. Entwickeln Sie sich noch weiter. Vertiefen Sie sich nicht zu sehr in Nebensächlichkeiten und technische Details.

Behalten Sie Hauptziele und Ihre ursprüngliche Absicht im Auge oder finden Sie sie heraus, denn wenn Sie sich über Ihre Absichten und Ziele im klaren sind, geht das Lernen schneller voran.

Ich will _____

_____

erreichen. _____

    Wiederholen Sie dieses Kapitel dann, wenn Verzögerungen und Unterbrechungen des Lernens auftreten. Es wird Ihre Grundmotivationen wieder wecken und Sie zum Weiterlernen veranlassen. Wechseln Sie auch einmal die einzelnen Lerntechniken. Werden Sie sich Ihrer Absicht bewußter.

Testen Sie Ihr Gedächtnis mit Übungen

Fassen Sie die nachfolgenden Übungen als persönlichen Test auf. Prüfen Sie Ihr Gedächtnis – und werden Sie bitte nicht mutlos, wenn Sie sich nicht so viel merken können, wie Sie gern möchten. Ein wirksames Gedächtnistraining erfordert einfach eine gewisse Anstrengung und Selbstdisziplin – jedenfalls zu Beginn der Schulung. Später fällt es einem dann wesentlich leichter, den Willen zur Erinnerung bei vielen Vorgängen automatisch zu entwickeln.
Vertrauen Sie darauf, daß Ihr Gedächtnis in hohem Maß entwicklungsfähig ist.

1. Übung
Verknüpfung von Wortpaaren

In dieser Übung sind 20 Wörter zu 10 Wortpaaren zusammengefaßt. Merken Sie sich bitte zu jedem Wort das Nachbarwort. Hören Sie sich selbst ab wie beim Vokabellernen, indem Sie eine Seite zuhalten und das Parallelwort aufsagen, dann die andere Seite abdecken.
Lassen Sie sich vier Minuten Zeit und schreiben Sie auf, wie viele Paare Sie danach richtig wiedergeben konnten:

Rolladen	–	**Schlüssel**
Käse	–	**Balkon**
Wind	–	**Strumpf**
Kissen	–	**Blumenstrauß**
Fernseher	–	**Atlas**

Weinglas – Katze
Schuh – Türgriff
Meeresrauschen – Gartenhaus
Teppich – Autobus
Nordpol – Taschenuhr

Ergebnis: _____

2. Übung
Merken von Wortketten

Versuchen Sie bitte, sich folgende Wörter in der richtigen Reihenfolge vor- und rückwärts einzuprägen. Als Ergebnis zählen nur die Wörter, die Sie an der richtigen Stelle wußten. Verwenden Sie dafür drei Minuten:

Musikkassette
Nagel
Tafel
Mohnblume
Nachttischlampe
Bach
Schloß
Heft
Couchgarnitur
Bleistift
Mauer
Kleeblatt
Kirchturm
Standuhr
Schlüsselloch
Aktenmappe
Graben
Kostüm
Helm

Ergebnis: _____

3. Übung
Behalten von Sätzen

Prägen Sie sich bitte die nächsten zehn Sätze in fünf Minuten ein, ebenfalls in der richtigen Reihenfolge vorwärts und rückwärts. Wie viele können Sie sich nach dieser Zeit an der richtigen Stelle merken?

1. **Der Blumenstrauß steht am Fenster**
2. **Evi spielt gern Klavier.**
3. **Morgen fahren wir in Urlaub.**
4. **Das Bild hängt schief an der Wand.**
5. **Der Elefant trompetet im Zoo.**
6. **Die Kinder gehen zum Schwimmen.**
7. **Das Gartentor quietscht.**
8. **Der Braten brutzelt im Ofen.**
9. **Die Katze verfolgt die Maus.**
10. **Die Teller sind bunt bemalt.**

Ergebnis: _____

4. Übung
Numerierte Wortketten

Bei dieser Übung merken Sie sich bitte die Zahl mit dem entsprechenden Wort.

Sie sollen am Schluß wissen, welches Wort zu 7 gehört oder zu 5. Umgekehrt sollten Sie den einzelnen Wörtern jeweils die richtige Ziffer zuordnen können.

Nehmen Sie sich für die zehn Wörter zwei Minuten Zeit. Richtig ist das Ergebnis nur, wenn Wort und Zahl übereinstimmen.

1. **Bluse**
2. **Reisepaß**
3. **Schreibmaschine**
4. **Tischtuch**

5. Blumenvase
6. Waschbecken
7. Sektkelch
8. Glockenspiel
9. Opernfestspiele
10. Lederetui

Ergebnis: _____

5. Übung
Behalten von mittelschweren Vokabeln

Versuchen Sie, diese 15 Vokabeln auswendig zu lernen. Überprüfen Sie, indem Sie die englische Seite zuhalten, und stoppen Sie die benötigte Zeit.

Am Ende des Buches werden Sie dazu die Hälfte oder ein Drittel der Zeit benötigen.

to dig	(um)graben
to blow	blasen
to burst	bersten, brechen
to cast	werfen
to deal	handeln
to draw	ziehen, zeichnen
to dream	träumen
to feed	füttern
to hide	(sich) verbergen
to hit	treffen, schlagen
to knit	stricken
to leap	springen
to choose	wählen, (sich) aussuchen
to breed	brüten, züchten
to bend	(sich beugen, biegen

Zeit: _____

23

6. Übung
Behalten von schwierigen Vokabeln

Versuchen Sie, diese 20 lateinischen Vokabeln auswendig zu lernen. (Die Akzente sollen Ihnen, falls Sie kein Latein können, die Aussprache erleichtern. Sie gehören nicht zur Schreibweise.) Überprüfen Sie, indem Sie wieder die lateinische Seite zuhalten, und stoppen Sie die benötigte Zeit.

súbito	plötzlich
sublátus	stolz, übermütig
suscitáre	entfachen
tángere	berühren
trádere	überliefern
transfígere	durchbohren
transíre	hinübergehen
tríplex	dreifach
triumpháre	triumphieren
túrris	Turm
usitátus	gebräuchlich
vádere	gehen, schreiten
válidus	kräftig
vállum	Wall
vastáre	verwüsten
veheménter	heftig
ventúrus	künftig
venústas	Anmut
ver	Frühling
vestíbulum	Vorhalle
vestígium	Spur
véstis	Kleid

Zeit: _____

Der stufenweise Aufbau der Schwierigkeitsgrade

Der erste Schritt für das aktive Lernen ist das Verstehen des Aufbaus. Wie schon bei meinem ersten Buch »So merke ich mir Namen und Gesichter« (1988 im Delphin Verlag erschienen) erwähnt, besteht das bildhafte Gedächtnistraining aus langsam aufeinanderfolgenden Stufen.

Eine Stufe ermöglicht die Ersteigung der nächsten.

Die Reihenfolge der Schwierigkeitsgrade stellt sich wie folgt dar:

1. Am leichtesten merken wir uns *bildhafte Eindrücke.*
2. Auch *Gegenstände und bekannte Worte* sind noch leicht einprägbar.
3. Bei *Sätzen* merken wir die erste Steigerung des Schwierigkeitsgrades.
4. *Namen und Gesichter* sind eine weitere Steigerung.
5. Sich eine *numerierte Folge von Daten* zu merken ist nur mit Hilfe von Gedächtnistechniken möglich. Ohne diese haben wir die Grenze der normalen Merkfähigkeit bereits überschritten – das Pauken, Büffeln und oft mühsame Auswendiglernen beginnt.
6. Nicht so bei der bildhaften Methode. Damit können Sie sich sogar *Abstraktes und Zahlen* merken.
7. *Formeln, Zahlen und alle Vokabeln* sind durch bildhaftes Gedächtnistraining ebenfalls leicht und in großer Menge lernbar.

Diese Schwierigkeitsgrade werden wir beim Training der Reihe nach hinaufklettern. Die Übungen sind analog hierzu abgestimmt.

Es ist einleuchtend, daß es den Lernerfolg nur behindern kann, wenn wir – wie es oft aus Unkenntnis geschieht – bei einem zu hohen Schwierigkeitsgrad in ein Lernthema einsteigen. Die Reihenfolge sollte deshalb beim Lernen immer und unbedingt berücksichtigt werden.

Da das Vokabellernen schon zur »Oberstufe« des Lernens gehört, hilft es sehr, sich zuerst die Grundlagen anzueignen und dann langsam weiterzugehen.

Schritt für Schritt.

Testauflösung

1. Die Gedankenverbindung oder die bildhafte »Assoziation«

Gedächtnistrainer verstehen unter einer Assoziation »die Verknüpfung von zwei oder mehr Gedanken, wobei ein Gedanke durch den Erinnerungsvorgang den nächsten nach sich zieht.« Dieser läuft oft unbewußt ab, kann aber auch bewußt ausgelöst werden. Ich möchte versuchen, Ihnen das an einem Beispiel zu erklären:

Sie hören zufällig eine bekannte Melodie, die Sie aber schon lange nicht mehr gehört haben. Nun kann diese Melodie ein Auslöser dafür sein, daß Sie sich wieder genau an die Umstände erinnern, unter denen Sie jenes Lied oder Musikstück gehört haben – Sie erinnern sich vielleicht wieder an die Tageszeit, die Menschen, mit denen Sie zusammen waren, bestimmte Blütendüfte usw. Das sind ganz spontane, unbewußte Gedankenverbindungen oder Assoziationen, die durch das zufällige Hören der Melodie ausgelöst wurden.

Noch ein einfaches Beispiel: Wenn Sie das Wort »Winter« hören, dann assoziieren Sie unbewußt ganz bestimmte Begriffe wie **Schnee, Kälte, Skifahren, Eislaufen** und dergleichen mehr.

In unserem Gedächtnistraining wollen wir *ganz bewußt* bestimmte Gedankenverbindungen herstellen. Auf diese Art und Weise sind Sie in der Lage, mehr Wissen aufzunehmen und dieses Wissen in Ihrem Gedächtnis so lange zu speichern, wie Sie wollen. Ein geschultes Gedächtnis stützt sich oft vorwiegend auf bildliche Vorstellungen.

2. Die Zweierkoppelung bei Wortpaaren

Unser Training besteht darin, Gegenstände, die normalerweise gar nicht zusammenpassen, miteinander in Verbindung zu bringen, zum Beispiel »Rolladen« oder »Schlüssel« von unserer Übung 1.

Sie sollen nun diese Begriffe auf möglichst originelle Weise gedanklich miteinander verbinden. Denken Sie diese Verbindung aber nicht nur, sondern sehen Sie sie in Ihrer Vorstellung wirklich einige Augenblicke lang wie ein Bild vor sich.

Sie stellen sich zu den Begriffen »Rolladen« und »Schlüssel« eine bildhafte Verbindung vor, die möglichst absurd, komisch oder ungewöhnlich sein soll und in der »etwas passiert«.

Schließen Sie bitte einmal die Augen und stellen Sie sich vor, wie ein Schlüssel am Rolladen baumelt, Sie schließen den Laden damit auf, und beim Hochziehen klappert er laut.

Wenn Sie jetzt sagen: lächerlich! – dann liegen Sie vollkommen richtig. Je lächerlicher oder lustiger diese bildhaften Vorstellungen sind, um so einprägsamer sind sie. Normale Verbindungen sind zu alltäglich und verlieren dadurch ihre Einprägsamkeit.

Für den Augenblick dürfen Sie dieses Bild nun vergessen. Bei Bedarf werden wir es wieder hervorholen, und Sie können sich, wenn Sie das Bild wirklich deutlich in Ihrem Inneren gesehen haben, genau den Rolladen vorstellen, wenn Sie »Schlüssel« hören, und umgekehrt.

Nun wollen wir uns ein weiteres Paar aus Übung 1 ansehen:

Käse – Balkon

Stellen Sie sich vor, Sie legen einen Käse – möglichst einen Camembert – auf den Balkon. Diese Vorstellung allein wäre zu normal, denn Sie können ja alles mögliche auf einen Balkon legen.

Nun lassen Sie aber die Sonne auf den Käse scheinen, er zerläuft und tropft auf den darunterliegenden Balkon – vielleicht noch dem Besitzer dieses Balkons auf die Glatze!

Ich glaube gern, daß es vielen von Ihnen schwerfallen wird, auf Anhieb solche absurden und unlogischen Gedankenverbindungen herzustellen.

Aber nur Übung macht den Meister!

Je öfter Sie sich im Suchen lächerlicher Verbindungen üben, um so erfinderischer werden Sie mit der Zeit.

Die nächste Koppelung heißt

Wind – Strumpf

Sie sehen ganz deutlich, wie ein langer Strumpf, den Sie zum Trocknen aufgehängt haben, vom Wind erfaßt und weggeweht wird. Sie laufen hinterher und wollen ihn greifen, aber jedesmal kommt eine Windböe und trägt ihn weiter.

Wie würden Sie

Kissen – Blumenstrauß

miteinander verbinden?

Nun, ich stelle mir vor, wie die auf ein Kissen gestickten Blumen plötzlich Stengel bekommen und hochwachsen. Ihre Blütenkelche öffnen sich und strömen einen betörenden Duft aus. Ich pflücke diese Blumen vom Kissen weg und mache daraus einen bunten Blumenstrauß.

Wenn Sie eine andere Vorstellung hatten, dann belassen Sie es bei dieser. Der erste Eindruck ist meist nachhaltiger als ein übernommener, denn er entspricht Ihrer individuellen Eigenart am meisten.

Üben Sie nun bitte die übrigen Wortpaare von Übung 1 selbständig auf dieselbe Weise.

Denken Sie aber nicht zu lange darüber nach, welche Gedankenverbindung am komischsten ist.

Die erste lächerliche Assoziation, die Ihnen einfällt, ist meist die wirksamste. Alles weitere würde nur verwirren.

Wenn Sie wirklich bei jedem Wortpaar ein absurdes Bild in Ihrer Vorstellung gesehen haben, dann dürfte es Ihnen jetzt kaum noch schwerfallen, zu jedem Wort das entsprechende Partnerwort zu finden.

Decken Sie am Schluß die eine Hälfte ab und erinnern Sie sich an die Wörter der anderen Seite, dann umgekehrt. Sie werden sehen, daß Sie keines vergessen haben. Diese Technik hat Ihr Gedächtnis so unterstützt, daß es bereits innerhalb kürzester Zeit besser funktioniert.

Wie die Erfahrung mit den Schwierigkeitsgraden zeigt, müssen zuerst die nachfolgenden Grundtechniken gründlich erlernt, muß die bewegliche bildhafte Vorstellungskraft erst entwickelt werden.
Vokabeln zählen hier zur Oberstufe.

Als nächstes kommt nun eine Übung, in welcher Größenübertreibungen existieren. Dies wird hier sogar als Plus betrachtet, denn dadurch wird die Norm des Alltäglichen außer acht gelassen, also überschritten. *Die Bildverknüpfungen werden origineller und bleiben noch besser im Gedächtnis haften.*

3. Übungen mit ausgefallenen Koppelungen

Traktor	auf	Lampe
Dampfwalze	auf	Tisch
Hochhaus	in	Schulranzen
Saurier	ins	Waschbecken
Krokodil	in	Hosentasche
Schildkröte	ans	Ohr
Flugzeug	in	Schuh
Tintenfisch	unterm	Hemd
Kuh	unter	Bank
Omnibus	an	Kleiderhaken
D-Zug	in	Schrank
Bahnhof	in	Ecke
Milchstraße	an	Decke
Kinoleinwand	ans	Fenster
Goldmine	in	Papierkorb
Mississippi-Dampfer	auf	Stuhl
Fließband	aufs	Fensterbrett
Unterseeboot	auf	Heizung
Krater	auf	Parkettfußboden
Kronleuchter	auf	Lehrers Kopf

Bitte blättern Sie um.

Traktor
Lampe

Dampfwalze
Tisch

Hochhaus
Schulranzen

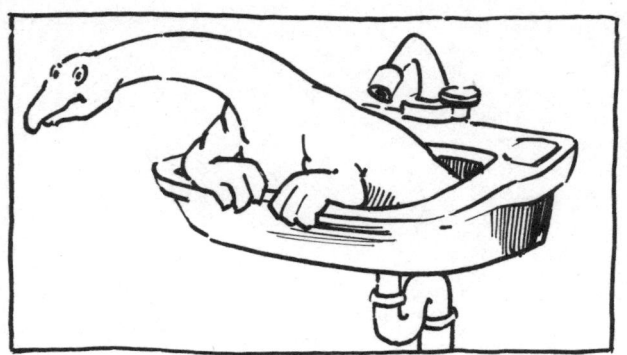

Saurier
Waschbecken

Krokodil
Hosentasche

Schildkröte
Ohr

**Flugzeug
Schuh**

**Tintenfisch
Hemd**

**Kuh
Bank**

**Omnibus
Kleiderhaken**

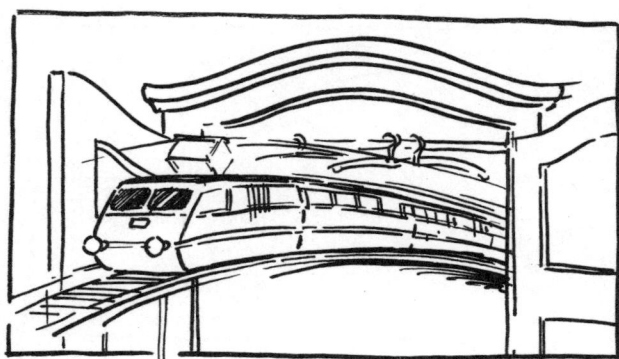

**D-Zug
Schrank**

**Bahnhof
Ecke**

Milchstraße
Decke

Kinoleinwand
Fenster

Goldmine
Papierkorb

**Mississippi-
Dampfer
Stuhl**

**Fließband
Fensterbrett**

**Unterseeboot
Heizung**

37

Krater
Parkett-
fußboden

Kronleuchter
Lehrers Kopf

38

Wissen Sie noch, wo Sie die einzelnen Gegenstände untergebracht haben? Hier können Sie sich prüfen.

Erfolgskontrolle

Traktor	–	_Lampe_
Dampfwalze	–	_Tisch_
Hochhaus	–	_Schubladen_
Saurier	–	_Waschbecken_
Krokodil	–	_Hosentasche_
Schildkröte	–	_Ohr_
Flugzeug	–	_Schuh_
Tintenfisch	–	_Hemd_
Kuh	–	_Bank_
Omnibus	–	_Kleiderhaken_
D-Zug	–	_Schrank_
Bahnhof	–	_Ecke_
Milchstraße	–	_Decke_
Kinoleinwand	–	_Fenster_
Goldmine	–	_Papierkorb_
Mississippi-Dampfer	–	_Stuhl_
Fließband	–	_Fensterbank_
Unterseeboot	–	_Heizung_
Krater	–	_Fußboden_
Kronleuchter	–	_Kopf_

Nun, wie viele Richtige haben Sie? Sind es mehr als 70%, dann können Sie sich die nächste Seite vornehmen.

4. Verbindung von Wortketten durch Aneinanderreihung visueller Sinnbilder zu einer Geschichte

Bisher waren es immer nur zwei Begriffe, die in einem Bild assoziiert wurden.

Genauso geht es aber auch mit 3, 10, 20, 40 und mehr Begriffen, wobei die richtige Reihenfolge beachtet werden muß. Wir erweitern also jetzt unsere bisherige Technik. An unserer Übung 2 möchte ich Ihnen dies erläutern: Wenn ich das Wort **Musikkassette** nenne (siehe Übung Nr. 2, S. 21), dann müßten Sie in der Lage sein, sich an die nächsten Begriffe **Nagel, Tafel** usw. in der richtigen Reihenfolge zu erinnern. Es darf kein Wort fehlen oder mit einem anderen vertauscht werden.

Sicher kennen Sie Comic-Hefte. Vielleicht haben Sie auch schon einmal ein paar Seiten darin gelesen, obwohl der größte Teil einer Geschichte in Bilderserien dargestellt wird. Der Text dient nur als Ergänzung.

Wenn Sie genau nachdenken, waren Sie hinterher trotzdem in der Lage, die Geschichte aus dem Gedächtnis zu erzählen, wobei sich das Gedächtnis in der Hauptsache an die Bilderfolgen und nicht an die Sprechblasen erinnerte.

Wir müssen nun versuchen, für die Wortkette aus Übung 2 eine gute Bildserie aufzubauen, die uns später wieder an die Wörter erinnern soll.

Beginnen wir mit dem ersten Wort unserer Kette, der **Musikkassette.**

Wir bemühen uns nun, durch diese **Musikkassette** einen **Nagel** zu treiben und diesen dann noch in die **Tafel** zu schlagen. Haben Sie das Bild vor Augen – die mit einem **Nagel** an der **Tafel** befestigte **Musikkassette**?

Unser Prinzip ist folgendes: Wir hängen alle Wörter mittels einer Geschichte aneinander, dürfen aber nicht vergessen, uns die einzelnen Bilder auch vorzustellen. Die Geschichte sollte möglichst komisch oder absurd sein, aber das wissen Sie ja bereits von der Koppelung der Wortpaare.

Wir waren bei unserer **Tafel** stehengeblieben! An diese male ich nun eine wunderschöne **Mohnblume.** Da es aber schon sehr dunkel ist, halte ich in der linken Hand eine **Nachttischlampe** (bitte genau vorstellen) und beleuchte damit mein Bild. Nachdem ich die **Mohnblume** fertiggestellt habe, werfe ich die **Nachttischlampe** in einen vorbeifließenden **Bach,** der mitten durch ein mittelalterliches **Schloß** fließt. In ein **Heft** versuche ich dieses bezaubernde Bild (**Bach** und **Schloß)** zu malen und sinke dann erschöpft auf meine **Couchgarnitur.** Der **Bleistift** fällt herunter und rollt hin bis zu einer **Mauer.**

Machen wir hier einmal Schluß und wiederholen im Telegrammstil:

Musikkassette mit **Nagel** an **Tafel** befestigen, **Mohnblume** darauf malen, mit **Nachttischlampe** beleuchten, in **Bach** werfen, der durch **Schloß** fließt, im **Heft** zeichnen, auf **Couchgarnitur** sinken, **Bleistift** verlieren, der bis zu einer **Mauer** rollt.

Nun versuchen Sie bitte, die restlichen Wörter unserer Geschichte auf dieselbe Art hinzuzufügen. Wenn Sie sich dann testen, werden Sie über das Ergebnis erstaunt sein. Es kann sich jetzt sicher sehen lassen.

Sie werden feststellen, daß die Wortkette fest in Ihrem Gedächtnis verankert ist. Sie denken nur an das erste Wort, und schon rollt die ganze Wortfolge aufgrund der Bildfolge vor Ihrem geistigen Auge ab. Aber damit nicht genug! Wenn Sie nämlich jetzt an das letzte Wort denken, dann sind Sie in der Lage, die ganze Kette rückwärts abzurufen.

5. Eine Kette aus Gedankenbildern

Wie funktioniert das natürliche Gedächtnis?
Sicher haben Sie schon bemerkt, daß Sie alle neuen Eindrücke, Bilder, Informationen, Tatsachen, Erkenntnisse mit bereits vorhandenen Eindrücken in Beziehung bringen.

Ein ganz banales Beispiel: Wir alle kennen Honig. Honig ist ein Begriff und auch ein Bild, das wir uns gut vorstellen können. Wenn Sie jetzt neue Worte wie Waldhonig oder Bergwiesenblütenhonig hören, so bringen Sie mit Ihrem natürlichen Gedächtnis das Wort und Bild vom Wald oder von den Bergwiesenblüten mit dem in Ihrer Erinnerung bereits seit vielen Jahren vorhandenen Wort **Honig** in eine zusammenknüpfende Beziehung.

Lesen Sie diesen Abschnitt eventuell noch einmal durch und denken Sie über dieses ganz alltägliche Zusammenknüpfgeschehen einmal tiefer nach.

Mit dieser Ketten- und Zusammenknüpfmethode wollen wir uns jetzt beim Fernsehen zu der Sendung »Am laufenden Band« melden:

Stellen Sie sich vor, Sie stehen vor dem laufenden Band, und darauf erscheinen ein Fernseher, 1 Paar Schlittschuhe, eine Kühltruhe, ein Toaster, ein Fahrrad, ein Plattenspieler, eine Standuhr, ein Klapptisch, eine Schreibmaschine, eine Nähmaschine, eine Skiausrüstung, eine Kaffeemaschine, ein Mixer, Schneeketten, ein Mercedes, eine Taucherausrüstung und eine Musiktruhe.

Nun, es wird Ihnen leicht gefallen sein, ca. 10 Gegenstände der Reihenfolge nach zu behalten und zu wiederholen. Doch sobald es mehr als 10 sind, fallen uns die Erinnerung und die Reihenfolge etwas schwerer.

Hier wollen wir uns nun alle 17 Gegenstände mit der Verknüpfungsmethode merken, und wir könnten dies mit dieser Technik auch mit 30, 50 oder gar 100 Gegenständen tun. Gewußt wie – und es geht leichter als man denkt.

Zuerst versetzen wir uns mit unserer vom Intellekt gesteuerten Phantasie ins Aufnahmestudio des Fernsehens. Dort stehen wir vor dem laufenden Band und sehen als erstes einen **Fernseher.** Schließen Sie die Augen (später, nach etwas Übung, geht das selbstverständlich auch mit offenen Augen) und stellen Sie sich den Fernseher ganz deutlich, farbig und plastisch vor.

Das nächste Wort heißt **Schlittschuhe,** weil Schlittschuhe als nächstes auf dem Band kommen. Der besseren Einprägsamkeit wegen machen wir das Verknüpfungsbild, daß wir mit diesen Schlittschuhen auf der Bildfläche des Fernsehers Schlittschuh laufen.

Es ist also ganz einfach, Sie haben nun **Fernseher** und **Schlittschuhe** zu einer Bildkette miteinander verknüpft. Als nächstes kommt eine **Kühltruhe.** Sie fahren jetzt schwungvoll in eine offenstehende Kühltruhe hinein. Gut bildhaft vorstellen! Den Fernseher können Sie jetzt vergessen.

Nächster Gegenstand in der Bildkette ist **Toaster.** Also, in der Kühltruhe ist es gar nicht so kalt, weil da der Toaster steht. Nächster Gegenstand auf dem Band ist **Fahrrad.** Wir schnappen den Toaster, klemmen ihn auf den Rücksitz des Fahrrades. Nächster Gegenstand: **Plattenspieler.** Wir machen das gewagte Bild, daß wir mit dem Fahrrad in den Rillen einer riesengroßen Schallplatte auf einem sehr hohen Plattenspieler Runden fahren.

Mit diesen grotesken Bildern prägen Sie mit Ihrer Phantasie das bildhafte Erinnern besser aus. Nächster Gegenstand: **Standuhr.** Wir fahren in der Mitte der Platte in eine große Standuhr hinein. Nächstes Wort: **Klapptisch.** In der Standuhr steht ein Klapptisch, an den wir unser Fahrrad lehnen (Schallplatte ist längst wieder vergessen). Nächster Gegenstand: **Schreibmaschine.** Auf dem Klapptisch tippen wir Schreibmaschine, daß es nur so klappert. Nächster Gegenstand: **Nähmaschine.** Wir werden in unserer Konzentration beim Tippen gestört, weil neben uns (Standuhr ist vergessen) jemand unverschämt laut auf einer Nähmaschine rattert. Nächster Gegenstand: **Skiausrüstung.** Damit wir uns nicht gegenseitig stören, gehe ich mit meiner Skiausrüstung kurz skifahren. Nächster Gegenstand: **Kaffeemaschine.** Trinken beim Skifahren von einer Kaffeemaschine etwas Kaffee. Nächster Gegenstand: **Mixer.** Weil ich vom Kaffee Hunger bekomme, mixe ich mir eine Früchtemilch und trinke sie. Nächster Gegenstand: **Schneeketten.** Von der Früchtemilch fühle ich mich so gekräftigt, daß ich endlich einmal meine Schneeketten säubere. Nächster Gegenstand: **Mercedes.** Ich packe die Schneeketten in den Kofferraum. Nächster Gegenstand: **Taucherausrüstung.** Ich packe noch eine Taucherausrüstung dazu und fahre, weil ich jetzt wirklich etwas Urlaub verdient habe, über die Alpen nach Italien zum Tauchen. Nächster Gegenstand: **Musiktruhe.** Nun, ganz einfach: Die Musiktruhe finde ich beim Tauchen auf dem Meeresgrund.

Jetzt sind Sie an der Reihe. Blättern Sie um und schreiben Sie, mit dem ersten Wort **Fernseher** angefangen, die ganze Filmkette von Gegenständen kurz auf. Sie werden staunen: Es geht!

_____

_____

_____

_____

_____

_____

_____

Sie haben Ihre Merkfähigkeit in bezug auf Gegenstände mindestens um 50% erhöht. Vergleichen Sie, wie viele Worte Sie bei dem vorhergehenden Test mühevoll durch wiederholtes Hersagen behalten konnten. Interessant wäre noch, wie lange Sie die normal auswendig gelernten Worte behalten. Die Bilder mit der Verknüpfungsmethode sitzen viel dauerhafter.

6. Zweierkoppelungen, die Sie selbst ausführen

Übung:

Es ist immer ein Zeichen von Intelligenz und Einfallsreichtum, wenn Sie zwei Gegenstände auf originelle Art und Weise miteinander verknüpfen. Jede Phantasievorstellung ist hier willkommen. Wenn z. B. die beiden Gegenstände **Stuhl – Aquarium** miteinander verknüpft werden sollen, so stellen Sie *nicht* einfach nur das Aquarium auf den Stuhl. Dies wäre zu alltäglich und würde sehr schnell wieder vergessen werden.

Schon besser wäre es, sich mit recht viel Phantasie und Witz vorzustellen, daß eine ganze Anzahl von Fischen recht bequem auf Stühlen sitzt, inmitten eines Aquariums. Wenn Sie dies mit einer großen Anzahl von Fischen nicht zustandebringen, dann versuchen Sie es doch mit zwei Fischen. So zum Beispiel:

Sie müßten praktisch anhand jeder Form ein Vorstellungsbild
kreieren können:

Was das alles mit Vokabeln zu tun hat?

Geduld! Ist Ihr Gedächtnis erst richtig trainiert, sind auch
Vokabeln ein Kinderspiel.

Machen wir also weiter.

Versuchen Sie selbst, ein paar originelle Verknüpfungen mit
folgenden Wortpaaren herzustellen:

Vokabeln gehören wie gesagt zur Oberstufe des Gedächtnistrainings.

**Baum
Latzhose**

**Hund
Rettich**

**Kassette
Pfeife**

48

**Laterne
Buch**

**Schnee
Radieschen**

**Boxer
Pullover**

7. Dreierkoppelungen

Nun versuchen Sie einmal, Dreierketten herzustellen wie zum
Beispiel:

Kugelschreiber – Bier – Handtasche

Ich rühre mit dem Kugelschreiber das Bier um, bis es schäumt,
und schütte es dann in die Handtasche.

Stellen Sie ähnliche Bilder her, die sich Ihnen plastisch, lebendig
und mit viel Einfallsreichtum darbieten:

Kekse – Eisbär – Bankkonto

_____

_____

Direktor – Wäscheleine – Flöte

Brille – Klee – Fahrrad

Rakete – Olivenbaum – Tiger

_____

_____

Wandteppich – Auto – Schlaraffenland

_____

_____

Buch – Himbeeren – Sessel

Versuchen Sie, die Dreierkette als Verknüpfungsmethode an ein paar Praxisbeispielen zu üben, z. B. beim Einkaufen oder auch bei drei Erledigungen:

Ein Brot kaufen
Fernsehtechniker anrufen
Zahnarzttermin einholen

Es genügt vollkommen, die drei Bilder **Brot – Fernsehtechniker – Zahnarzt** miteinander zu verbinden.

Weitere Übung:
Sie brauchen zum Rasenmähen folgende Dinge:

Rasenmäher
Eimer
Rechen
Harke
ein Tuch (um den Rasenmäher gleich hinterher
zu putzen.)

Damit Sie nicht ein paarmal in den Schuppen Ihres Wochenend-hauses laufen müssen, verknüpfen Sie diese fünf Gegenstände miteinander. Wenn Sie den Rasenmäher holen, werden Ihnen die folgenden vier ohne langes Überlegen einfallen.

Weitere Trainingsmöglichkeiten: Setzen Sie sich einem Trainings-partner gegenüber. Eine Person spielt den Trainer, die andere den Übenden. Der Trainer nennt fünf oder zehn Wortpaare, Satzge-genstände, die Sie recht originell miteinander verknüpfen. Dann fragt er den Übenden ab, indem er nur das erste oder auch nur das zweite Wort des jeweiligen Wortpaares sagt, während der Übende den selbst angeknüpften Begriff sofort nennen kann. Anschlie-ßend werden die Rollen gewechselt.

Wer am meisten Wortpaare verknüpfen und wieder nennen kann, hat gewonnen. Das heißt aber noch lange nicht, daß er ein besseres Gedächtnis hat. Er kann eventuell nur auf geschicktere Art und Weise Verknüpfungen herstellen. Und genau das wollen wir erreichen.

8. Es lohnt sich, Sätze, Vorträge, Texte und Anekdoten in Erinnerung zu behalten

Ein Mensch mit einem normalen, untrainierten Gedächtnis kann sich durchschnittlich an drei bis fünf einfache Sätze erinnern. Vielleicht schaffen Sie etwas mehr?

Testen Sie kurz Ihre Merkfähigkeit: Lesen Sie folgende acht Sätze zwei- bis dreimal durch und versuchen Sie, diese dann wiederzugeben – gedanklich oder besser noch schriftlich, dann haben Sie den Beweis Ihrer momentanen Merkfähigkeit schwarz auf weiß in der Hand. Sie können den Test auch machen, wenn Sie sich gerade in Hochstimmung fühlen. Das Lernen geht dann meistens viel müheloser vor sich.

54

1. Der Affe klettert auf den Baum.

2. Fritzchen gießt seine Blumen.

3. Der rote Regenschirm hat ein Loch

4. Das Nilpferd rast durch den Sumpf.

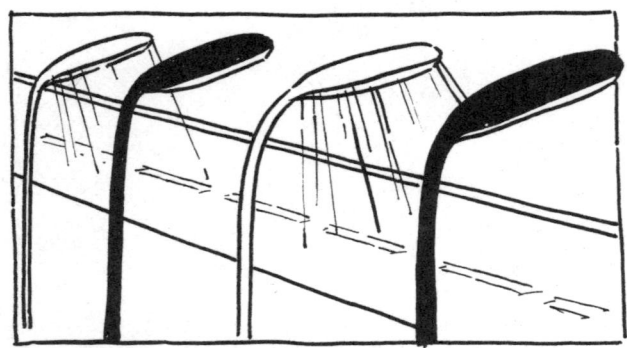

5. Die Straßenlaterne flackert an und aus.

6. Der Hausmeister schläft vor dem Fernseher ein.

7. Der Supermarkt hat Ausverkauf.

8. Die Kirchturmuhr schlägt 12 Uhr mittags.

Hier folgen noch einmal die acht Sätze hintereinander:

1. Der Affe klettert auf den Baum.
2. Fritzchen gießt seine Blumen.
3. Der rote Regenschirm hat ein Loch.
4. Das Nilpferd rast durch den Sumpf.
5. Die Straßenlaterne flackert an und aus.
6. Der Hausmeister schläft vor dem Fernseher ein.
7. Der Supermarkt hat Ausverkauf.
8. Die Kirchturmuhr schlägt 12 Uhr mittags.

Notieren Sie die Sätze möglichst in der richtigen Reihenfolge. Die ersten fünf oder sechs Sätze dürften Ihnen am leichtesten fallen.

_____

_____

_____

_____

_____

_____

_____

_____

_____

_____

_____

_____

Stellen Sie nun fest, ob Ihnen ein, zwei oder drei der Sätze fehlen. Welche sind es? Merken Sie sich diese fehlenden Sätze noch einmal und wiederholen Sie den Test, um alle acht nun lückenlos niederzuschreiben. Dies wäre eine normale Gedächtnisschulung, wie Sie sie von der Schule her kennen. Ohne Hilfe fortschrittlicher Imaginationstechniken gleicht diese Lernmethode einem langsamen Ochsenkarren, während wir mit bildhafter Vorstellung vergleichsweise in einem Jumbo-Jet reisen. Wir können so auch leichter viel mehr transportieren.

Versuchen Sie doch einmal, die Augen zu schließen. Entspannen Sie sich, träumen Sie etwas vor sich hin, bis Sie einen angenehmen Entspannungszustand erreicht haben. Jetzt produziert Ihr Gehirn sogenannte Alpha-Wellen, wie nach dem Einschlafen oder wie im Autogenen Training, und Ihre Lern- und Vorstellungsfähigkeit nimmt zu.

Können Sie sich noch einmal das Bild vorstellen, wie ein Affe gerade auf einen Baum klettert?

**Ein einsekundenlanges Bild
wie bei einem Blitzlichtfoto
genügt schon!**

Jetzt sehen Sie vor Ihrem inneren Auge kurz ein zweites Bild, nämlich wie Fritzchen die Blumen gießt. Sehen Sie deutlich, wie das Wasser aus der Gießkanne herausströmt und die Blumen tränkt. Als Erinnerungsauslöser genügt uns dieses Bild vollkommen. Auch brauchen Sie sich den Satz nicht wortwörtlich zu merken, sondern nur sinngemäß.

»Der rote Regenschirm hat ein Loch« läßt sich ebenfalls leicht vorstellen, denn jeder hat schon einmal einen roten Regenschirm gesehen. Und wie ein Loch in einem Regenschirm aussieht, weiß auch wohl jeder.

Eines ist besonders wichtig

Es genügt nicht, daß Sie dies nur denken, sondern Sie müssen anfangs kurz die Augen schließen und von dem roten Regenschirm ein echtes Gedankenbild so plastisch und klar wie möglich erschaffen. Wenn Sie sich den Schirm etwas vergrößert und das Loch zerfetzt und zerfranst vorstellen, wird es Ihnen leichter fallen, sich dieses originelle Bild zu merken.

Jetzt verkoppeln Sie einmal Ihre Bilder zu einer Geschichte: Der Affe springt z. B. dem Fritzchen auf die Gießkanne, und dieser gießt dann ausgerechnet das Wasser durch das Loch im roten Regenschirm.

Nun der nächste Satz: »Das Nilpferd rast durch den Sumpf.« Der Satz ist sehr anschaulich, und deshalb wird es Ihnen leicht fallen, sich diesen bildhaft vorzustellen. Sehen Sie, wie das Nilpferd einen roten Regenschirm im Maul zerbeißt, und Sie haben die beiden Sätze miteinander verknüpft.

Die Bildverknüpfung ist eine sehr interessante und sehr wichtige Technik. Alle großen Gedächtniskünstler und Gedankenakrobaten im Zirkus, im Varieté und im Fernsehen (denken Sie nur an die Sendung »Am laufenden Band« – wie herrlich könnte man mit der Verknüpfungsmethode das Band leerräumen!) benutzen ihr Assoziationsvermögen, d. h. sie sind in der Lage, durch Training die tollsten und plastischsten Verknüpfungen zu erfinden. Auch wenn die Sätze gar nicht zueinander passen, erfinden Gedächtniskünstler immer originelle und einfallsreiche, humoristische Verknüpfungen. Meist ist das erste Bild, das Ihnen in den Sinn kommt, das beste.

Jetzt verkoppeln Sie »Das Nilpferd rast durch den Sumpf« als Bild mit dem Gedankenbild für den nächsten Satz: »Die Straßenlaterne flackert an und aus«. Nun verbinden Sie diesen Satz mit »Der Hausmeister schläft vor dem Fernseher ein«. Dann diesen mit dem Satz »Der Supermarkt hat Ausverkauf« und nun endlich diesen Satz mit »Die Kirchturmuhr schlägt 12 Uhr mittags«.

Machen Sie eine kurze Pause und wiederholen Sie noch einmal die Gedankenbilder. Sie werden feststellen, daß sich durch diese Art der Verkoppelung nicht nur viel merken läßt, sondern daß sich Ihr bildhaftes Imaginationsvermögen erstaunlich rasch verbessert. Gleichzeitig steigern Sie Ihre Kreativität und geistiggedankliche Flexibilität erheblich, was sich in größerem Einfallsreichtum mit mehr Humor und Phantasie äußert.

Sie werden feststellen, daß Ihnen diese Bildverknüpfung hilft, die genannten Sätze beliebig auch rückwärts aufzusagen, was Ihnen mit dem Normalgedächtnis mehr Schwierigkeiten bereiten würde.

Üben Sie nun mit weiteren acht Sätzen und machen Sie die Verknüpfungen selbst, dann behalten Sie diese auch besser:

1. **Wir hatten eine harte Preisverhandlung mit dem Autohändler.**
2. **Der Kunstmaler verwendet Pastellfarben.**
3. **Die Großmutter verliebt sich in den Straßenbahnschaffner.**
4. **Der Fuchs hat die Gans gestohlen.**
5. **Die Kinder fahren auf dem Dorfweiher Schlittschuh.**
6. **Der Raubritter rasselt mit dem Kettenhemd.**
7. **Der Elefant trompetet in der Wilhelma.**
8. **Der Manager schläft im Flugzeug ein.**

Blättern Sie jetzt um und prüfen Sie sich schriftlich.

Gut, selbst wenn einige fehlen. Das nächste Mal wird es noch besser gehen, und ich bin sicher, daß Ihnen immer originellere Bildverknüpfungen einfallen werden.

Führen Sie das Ganze so spielerisch durch wie ein Kind. Das spielerische Moment ist der Grund, warum Kinder die Bildverknüpfungen schneller lernen als Erwachsene.

Knüpfen Sie nun die Sätze, die Ihnen fehlen, nachträglich an Ihre Bilderkette an, damit sie vollständig ist.

Machen Sie ruhig eine kleine Schnaufpause, atmen Sie ein paarmal tief ein und gehen Sie dann mit dem Mehr an Sauerstoff, den Ihr Gehirn jetzt gut gebrauchen kann, an die nächste Übung heran. Die Sätze werden etwas ungleicher und später etwas länger werden. Doch Sie schaffen ganz sicher auch dies!

1. Die Katze frißt die Maus.
2. Der Ölbohrturm brennt.
3. Das U-Boot taucht unter dem Eisberg durch.
4. Der Waschbär schüttelt sich.
5. Die Hausfrau kocht ein wundervolles Essen.
6. Der Jäger schießt ein Reh.
7. Der Kaminfeger umarmt seine Braut.
8. Der Klempner repariert die falsche Heizung.
9. Der Lehrer gibt heute keine Hausaufgaben.

Ja, es sind nun neun Sätze. Machen Sie sich von jedem ein Bild. Dieses Bild ist nur eine Stütze für Ihr Normalgedächtnis. Es soll – bildhaft übertragen – nur helfen, die Schallplattenrille aufzufinden, in der in Ihrem Normalgedächtnis der Satz gespeichert wurde. Wir speichern grundsätzlich alles, nur wissen wir oft später nicht mehr, wie wir es wieder abrufen können. Ein Hypnotisierter kann sich z. B. auf Kommando an ganz frühe Kindheitsgeschehnisse erinnern, die er sonst nicht mehr wüßte.

Schreiben Sie also die Sätze auf und ergänzen Sie in Ihrer Bilderkette die fehlenden. Jetzt sind Sie bereits viel besser als ein untrainierter Mensch!

Endspurt! Die Sätze werden etwas länger. Lassen Sie sich nicht von den vielen trockenen Worten beeindrucken. Auch ein langer Satz gibt genauso nur ein einziges Bildchen wie ein kurzer Satz.

1. Die Schaltungen des Computers werden heute ausgebaut.
2. Der Hydrant hat Hochdruck.
3. Der Geschäftsführer der Teilzeitfirma stellt lauter neue Leute ein.
4. Der Rechtsanwalt trägt vor dem Gericht die Verteidigungsrede seines Mandanten vor.
5. Das Hochbauamt verbietet den Ausbau von Dachstockwohnungen.
6. Die Kaugummifirma erhöht den Pfefferminzanteil um 10%.
7. Der Höhenmesser der Boeing 707 wird durch Radareinflüsse gestört.
8. Die siegreichen Sportler schwimmen eine Ehrenrunde im Olympiastadion.

Blättern Sie um und schreiben Sie die acht Sätze auf, soweit Sie sich noch erinnern können. Wenn Sie nur vier oder sechs Sätze davon behalten haben, so ist dies schon eine reife Leistung für ein untrainiertes Gehirn.

Koppeln Sie jetzt die Bilder der Ihnen fehlenden Sätze noch hinzu.

Nicht aufgeben, jetzt kommt das Wunder!

Sie können ruhig aufstehen, ein paar Atemübungen machen und ein paar Schritte gehen, damit Ihr Kreislauf wieder besser funktioniert und das Gehirn besser durchblutet wird. Und nun passen Sie auf, wie Wunder geschehen:

Können Sie sich mit Ihrer neu gekräftigten Phantasie noch vorstellen, wie eine Koppelung zwischen dem letzten Satz der allerersten Reihe »Die Kirchturmuhr schlägt 12 Uhr mittags« und dem Satz der nächsten Serie »Wir hatten eine harte Preisverhandlung mit dem Autohändler« aussieht?

Einfach, nicht wahr? Wir lassen die Kirchturmglocke auf das neue Auto fallen und bekommen dadurch den Wagen wesentlich billiger. Sehen Sie das Bild für eine Sekunde vor Ihren Augen und lesen Sie dann weiter.

Machen Sie schnell noch eine Koppelung mit dem Satz »Der Manager schläft im Flugzeug ein« und »Die Katze frißt die Maus.«

Nachdem Sie diese Verknüpfung zustande gebracht haben, wird es Ihnen sich auch noch gelingen, die letzte, ja gewiß die allerletzte, Verknüpfung für heute zu machen zwischen dem Satz

»Der Lehrer gibt heute keine Hausaufgaben« und »Die Schaltungen des Computers werden heute ausgebaut«.

Ob Sie es nun glauben oder nicht: Jetzt sind Sie in der Lage, Ihr größtes Gedächtniskunststück zu vollbringen. Bisher war es Ihnen nicht möglich, sich mehr als 10 oder 12 Sätze zu merken. Nehmen Sie ein blütenweißes Blatt Papier und fangen Sie mit dem Satz »Der Affe klettert auf den Baum« an. Sie werden staunen: Sie werden mindestens das Doppelte von 12 Sätzen frei aus dem Gedächtnis wiedergeben können (vorausgesetzt, Sie haben die bildhafte Verknüpfung auch wirklich innerlich gesehen). Sie können auch pro Satz einfach nur ein *Stichwort* aufschreiben, wie z. B. Affe, Blumen gießen, Schirm, Nilpferd, Laterne, Hausmeister, Supermarkt, Kirchturmuhr etc., etc.

Sie haben es geschafft!

Sie haben 25 oder 30 Sätze frei wiedergeben können. Beim zweiten Mal werden Sie sicher alle 33 Sätze schaffen. Das ist ein echtes Erfolgserlebnis! Kosten Sie es aus und mindern Sie es nicht durch irgendwelche Bedenken und Einwände. Solche verhaltenspsychologischen »Verstärker« bzw. Erfolgserlebnisse brauchen wir alle beim Lernen, um freudig weiterzumachen. Dadurch lernen wir spielerischer und leichter.

Sie haben hiermit Ihr Gedächtnis im Merken von Sätzen um mindestens 50% verbessert und Sie können sich nach der gleichen Methode Vorträge, Witze und allerlei andere Dinge besser merken. Die Reihenfolge wird Ihnen in späteren Übungen weniger Schwierigkeiten bereiten. Heute ist die Reihenfolge noch sehr wichtig. Als Fortgeschrittener werden Sie sie nicht mehr benötigen. Als sehr Fortgeschrittener werden Sie nicht einmal das bildhafte Vorstellen mehr benötigen, weil sich Ihr Gedächtnis so stark verbessert hat. Leute, die jahre- und jahrzehntelang diese Methode geübt haben, können dies einstimmig bezeugen.

Heute haben Sie einen großen Fortschritt gemacht, über den Sie sich wirklich freuen können!

Verknüpfungsbeispiele

1. Ich stelle mir vor, wie ein Autokäufer und ein Autohändler – Arme fuchtelnd und aufgeregt diskutierend – vor einem glänzenden Sportwagen stehen.
2. Gleichzeitig verwendet der Kunstmaler – neben den beiden stehend – seine Pastellfarben zur Bemalung desselben Autos.
3. Im buntbemalten Auto sitzen Großmutter und Straßenbahnschaffner, und sie schaut ihn so verliebt an, daß er rot wird.
4. In dem Moment bemerken die beiden im Auto Sitzenden eine Erschütterung, denn der Fuchs ist mit der gestohlenen Gans im Maul auf der Flucht auf das Auto gesprungen.
5. Jetzt rast der Fuchs weiter, mitten durch die Kinder, die auf dem Dorfweiher Schlittschuh laufen.
6. Als die Kinder vor dem Fuchs ans Ufer kommen, sehen sie dort den Raubritter stehen, der mit dem Kettenhemd rasselt.
7. Derselbe Raubritter erschreckt den Elefanten, und dieser trompetet dröhnend durch den ganzen Zoo.
8. Und er weckt den gerade im anfliegenden Flugzeug schlafenden Manager. Der Manager sieht vom Flugzeugfenster aus noch den trompetenden Elefanten im Zoo: *Dies war eine Doppel-Koppelung für noch besseren Erinnerungs-Rückruf!*

1. Stellen Sie sich einen großen Raum mit vielen Computern vor und den Mechaniker, der bei einem Computer den Umbau vornimmt.
2. Hinter ihm steht der Feuerwehr-Hydrant mit Hochdruck, und das Wasser vom Hydranten spritzt bereits auf den schon nassen Mechaniker.
3. Diese Situation nützt der Geschäftsführer der Teilzeitfirma

sofort aus und tauft symbolisch in demselben Wasserstrahl alle neu eingestellten Leute.

4. Da dies einigen neu eingestellten Leuten nicht paßt, muß jetzt sein Rechtsanwalt seine Verteidigungsrede vor dem Oberlandesgericht Baden-Württemberg vortragen.

5. Gleich anschließend hetzt derselbe Geschäftsführer zum Baurechtsamt und bekommt dort endlich die Genehmigung für den Ausbau seiner Dachgeschoßwohnungen.

6. Gutgelaunt steckt er sich jetzt einen Kaugummi in den Mund und liest auf der Packung, daß der Pfefferminzanteil im Kaugummi um 10% erhöht worden ist.

7. Als er den Kaugummi in das ausbaubare Dachfenster klebt, sieht er die Boeing 737 mit dem neu installierten Höhenruder vorbeifliegen.

8. Die Boeing setzt zum Tiefflug an, und wir sehen aus ihr die siegreichen Olympiasportler (mit Fallschirm) direkt in das Schwimmbecken springen und ihre Ehrenrunde im Olympiastadion schwimmen.

Bei allen Verknüpfungsbeispielen genügt nach einigem Üben ein geringfügiger Ähnlichkeitsreiz, um das ursprüngliche Bild wieder auszulösen. Je länger Sie üben, desto weniger Genauigkeit und Bildverknüpfung ist notwendig.

Lassen Sie sich nicht entmutigen, wenn Ihre eigenen Verknüpfungsbeispiele anfangs nicht diese Flexibilität und gelenkte Perfektion aufweisen. Selbst wenn Ihnen Ihre ersten Beispiele beinahe stümperhaft vorkommen, haben auch unsere besten Kursteilnehmer und Trainer alle einmal so angefangen.

Üben Sie unerschrocken und beharrlich weiter.

Durch das Üben beginnt ein für Ihr gesamtes weiteres Lernen sehr wesentlicher Entwicklungsprozeß Ihrer Kreativität, Ihres Vorstellungsvermögens und Ihrer Wendigkeit in der absichtlichen und ursächlichen Kombination und Steuerung von spontanen Gedankenbildern.

Früher oder später werden Sie durch dieses Training Gedankenbilder beliebig auf jede gewünschte Art und Weise und in jeder Richtung umformen können. Diese Fähigkeit hilft Ihnen dann nicht nur beim Merken von Sätzen oder Vokabeln, sondern

Sie werden generell bei allen im Leben auftretenden Problemen sofort Lösungsansätze kombinieren können.

Ihr optimistisches Lösungs-Findungsdenken läßt sich von dieser Ebene aus dann zur Genialität steigern.

Theoretische Erfolgskontrolle

Versuchen Sie bitte, folgende Fragen so ausführlich wie möglich zu beantworten. Etwaige Gedanken und Einfälle, die Ihnen bei der Beantwortung kommen, können Sie ruhig aufschreiben.

1. Warum mit bildhafter Vorstellung lernen?

_____

_____

2. Was verstehen Sie unter dem Wort »Assoziation«?

_____

_____

3. Beschreiben Sie kurz die wichtigste Grundlage des Gedächtnistrainings mit Ihren eigenen Worten:

_____

_____

4. Nennen Sie die wichtigsten Gründe, warum das Training zunächst mit ausführlichen Grundlagen erworben werden sollte:

_____

_____

5. Sind Ihnen eigene Erkenntnisse gekommen, die die Beantwortung von Frage 4 ergänzen?
Wenn ja, welche?

_____

_____

6. Nennen Sie mehrere Gründe, warum die Ausbildung der plastischen Imaginations- und Vorstellungskraft von so großer Bedeutung für die Gedächtnis- und Alltagspraxis ist:

_____

_____

7. Können Sie sich erklären, warum die Art, wie Sie Gegenstände verknüpfen, von Ihrer individuellen Denkungsart und Handlungsweise abhängt?

_____

_____

8. Wen oder was können Sie in der Art, wie geschickt Sie Verknüpfungen gestalten, erkennen?

_____

_____

_____

9. Können Sie sich denken, warum Sie Ihre eigenen individuellen Verknüpfungen besser behalten können als die Verknüpfungen, die ein anderer Ihnen vormacht?

_____

_____

10. Nennen Sie ein Beispiel, wie Sie eine Gedächtnisprägung besonders wirksam gestalten können, wie z. B. mit Sehen, Hören und Handeln gleichzeitig:

_____

_____

11. Wie übersteigen Sie in Ihrem eigenen Denken Strukturen und scheinbare Schranken?

_____

_____

12. Wie trainieren Sie sich darin, aktiv Lösungen zu erschaffen?

_____

_____

_____

_____

Setzen Sie die Verknüpfungsmethode ein

In jeder Fremdsprache, auch im Englischen, gibt es Worte, die zwei, fünf, zehn und mehr verschiedene Bedeutungen haben. Wenn wir z. B. das eine englische Verb »to run« nehmen, prägen sich seine Hauptbedeutungen durch die vielen Wiederholungen einfach ein. Doch bei den vielen Bedeutungen dieses Verbs können Sie die leichte Verknüpfungstechnik verwenden, die in diesem Buch mit besonders einprägsamen Zeichnungen dargestellt ist.

Dies ist schon eine sehr frühe Anwendung der Gedächtnistechnik auf das Vokabellernen, sozusagen bei den ersten Lernstufen.

Das englische Verb »to run« hat – zusammen mit dem Hauptwort »run« – folgende Bedeutung:

**laufen
rennen
Spazierfahrt
Laufmasche
Ansturm
Laufzeit
auslaufen
durchlaufen
zerlaufen
verlaufen
eilen
fließen
verkehren
tönen
betreiben
leiten**

laufen (Wasser)
zufällig treffen
stoßen auf

Versuchen Sie ruhig einmal – ohne unser Verknüpfungstraining –, sich mit Hilfe von herkömmlichen Methoden – öfter Aufsagen, Wiederholen, innerlich Aufsagen, häufiges Vorlesen, Aufschreiben, sich abhören lassen – an diese Bedeutungsliste zu erinnern.

Vermutlich haben Sie Erfahrungen Ihr ganzes Leben mit den traditionellen Lernmethoden gesammelt, und mangels einer leichteren Lerntechnik sind Sie bald an die Grenzen Ihrer Lernfähigkeit gelangt. Damit war dann auch die Grenze Ihrer geistigen Entfaltung schnell erreicht, und die Hoffnung auf weiteren beruflichen Aufstieg wurde leicht gebremst.

Über diese Grenzen wollen wir uns **durch mehrmaliges Durcharbeiten** (nicht nur durch einfaches Lesen!) dieses Buches für immer hinausschwingen, mit Hoffnung und reeller Aussicht auf größere und weiterere Horizonte Ihrer individuellen, eigenen Wahl. Freuen Sie sich also und feiern Sie durch ein Lächeln diesen ersten und bedeutendsten Schritt in das Neuland modernen Lernens. Betreten Sie die Siegerstraße und helfen Sie auch anderen Lernwilligen.

Glauben Sie nicht auch daran, daß wir in der Kultur, die wir uns heute erschaffen, morgen alle leben werden?

Es geht los!

Die Bedeutung für das englische Verb »to run« und für das Hauptwort »run« reihen wir einfach mit lebhafter Phantasie zu einer kleinen, bewegten, einprägsamen, bildhaften Geschichte aneinander. Da »to run« zunächst mit »laufen« übersetzt wird, sehen Sie sich gedanklich einmal selbst, wie Sie einen Trainingsanzug anziehen und auf dem Bürgersteig zu **laufen** beginnen.

Sie erreichen den Waldrand und beginnen zu **rennen**. Auf der Waldlichtung steht eine Kutsche, und Sie machen eine **Spazierfahrt**. Dabei treffen Sie eine Dame mit einer langen **Laufmasche**, und während die Dame durch das hohe Gras läuft, entsteht eine **Serie** von Laufmaschen. Ihre Kollegen vom Kegelklub biegen in diesem Moment am Waldrand um die Ecke, und die Dame kann sich des **Ansturms** der Hinweise dieser Herren kaum erwehren.

Galant retten Sie sie und laden sie zu einem Film ein. Gott sei dank hat der Film eine lange **Laufzeit**, bis er **ausläuft** und alle Szenen **durchgelaufen** sind. Nach dem Kino **zerlaufen** sich alle Leute im Hof, und Sie hätten sich mit dieser Dame beinahe **verlaufen**. Jetzt **eilen** Sie mit ihr in ein Café am Stadtrand. An dem Café **fließen** die Wasser der Donau vorbei. Hier **verkehren** viele Busse. Der Name des Cafés **lautet** »Venezia«. Durch den Raum **tönt** eine schöne Melodie. Der Inhaber, der dieses Geschäft **betreibt**, begrüßt Sie persönlich. Danach erzählen Sie der Dame, daß Sie in Ihrer Firma die Auslandsabteilung **leiten**. Ein Kellner dreht den Wasserhahn und läßt so das Wasser **laufen**. Zufällig treffen Sie jetzt den Stadtpfarrer. Dieser hat ein Kreuz (cross) umhängen. Als Sie dieses anschauen, fällt Ihnen ein, daß *to run across* **zufällig treffen** und **stoßen auf** heißt.

Dies ist nur ein Beispiel für eine mögliche Verknüpfungsgeschichte. Denken Sie stets daran, daß Sie **Ihre individuelle Geschichte erfinden müssen,** damit sie am besten in ihrem Verknüpfungsgedächtnis sitzt und hängen bleibt.

Lesen Sie die Geschichte ein- oder zweimal durch und achten Sie ganz genau darauf, *bei welchen deutschen Worten* sich das Verb *to run* und das Wort *run* in welchen Zusammenhängen einsetzen lassen. Zählen Sie dann alle deutschen Bedeutungen auf einem Blatt Papier hintereinander auf, ohne noch einmal nachzuschauen.

Ist es Ihnen gelungen, *alle* Bedeutungen aufzuzählen, dann zählen Sie diese zur weiteren Einprägung in Ihr Gedächtnis noch gedanklich *rückwärts* auf, indem Sie die Geschichte noch einmal von rückwärts ablaufen lassen und dabei alle Bedeutungen wieder aufzählen.

Mit etwas Entspannung und Verinnerlichung gelingt Ihnen diese Konzentrationsübung sicher bestens. Ihre bildhafte Vorstellungskraft steigert sich so weit über ein normales Ausmaß hinaus, daß dies Sie bald überraschen wird.

Diese Technik sollten Sie natürlich zur festen Aneignung an einigen weiteren Beispielen noch einigemale üben, da dieser Schritt erfahrungsgemäß erst nach dem 3. oder 4. Übungsbeispiel fließend klappt.

Seien Sie nicht entmutigt, wenn es Ihnen erst nach dem 5. oder

7. Übungsbeispiel spielend leicht gelingt. Lesen und üben Sie bitte erst dann weiter, wenn Sie diese Leichtigkeit im Üben erworben haben, weil dies eine unumgängliche Voraussetzung für die weiteren phantastischen Erfolge ist, die Sie sicher erwarten!

Üben Sie nun selbst weiter

To run als Verb:
1. laufen (Füße)
2. laufen (von Verträgen)
3. sich beeilen
4. weglaufen
5. fahren (Zuggeschwindigkeit)
6. fließen (Fluß)
7. zerschmelzen
8. vergehen (Zeit)
9. sich verbreiten (Nachricht)
10. einlaufen (Schiff in den Hafen)
11. regieren (ein Land)
12. anlaufen (der Zinsen)

run als Hauptwort:
1. einen Lauf (Wald)
2. das Weglaufen (Feind)
3. die Fahrt, die Reise
4. die Auflage (Zeitung)
5. der Lauf (der Geschehnisse) (des Marktes)
6. eine (Schönwetter-)Periode
7. Nachfrage (nach einem Buch)

13. Können Sie etwas zur Vergrößerung Ihrer persönlichen Freiheit innerhalb Ihrer eigenen Denkstruktur tun? Wenn ja, was?

_____

_____

14. Wie lernen Sie, etwas selbsttätig zu erschaffen?

_____

_____

15. Können Sie sich schon vorstellen, wie wir Vokabeln lernen werden?

_____

_____

Den Terminkalender im Kopf!

Mit der Braining-Methode (Gedächtnistraining mit Bildern) lassen sich nicht nur Gegenstände, Begriffe, Abläufe und Zusammenhänge besser merken; darüber hinaus können diesen auch noch Zahlen zugeordnet werden, so daß beispielsweise Erledigungslisten, Tages- und Terminpläne behalten werden können. Die Verknüpfung von Vorgängen mit Zahlen funktioniert nach dem gleichen Prinzip wie die zuvor beschriebene Bildung von Zweierketten. Die Zahlen werden dabei durch solche Symbole dargestellt, die mit der Form der Zahl Gemeinsamkeiten haben.

Prägen Sie sich diese Symbole gut ein, denn davon hängt der Erfolg der nächsten Übung ab.

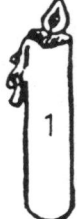 

Eine Kerze sieht mit etwas Phantasie wie eine Eins aus. Im Hals des Schwans erkennt man die Form der Zwei.

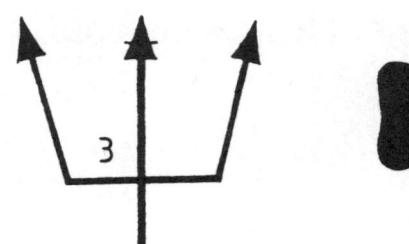 

Der Dreizack hat nicht nur drei Zacken, sondern auch die Form einer Drei.
Das vierblättrige Kleeblatt steht für die Vier.

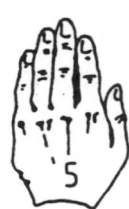 

Die fünf Finger einer Hand symbolisieren die Fünf.
Stellen Sie sich den Elefantenrüssel noch etwas mehr eingerollt vor, und Sie erkennen die Sechs.

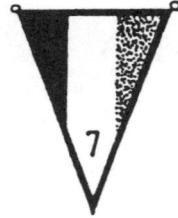 

Sehen Sie im Wimpel die Sieben?
Die bauchige Sanduhr mit der schmalen Taille verkörpert die Acht.

78

Die Kobra ringelt sich zur Neun.
Bei der Zehn steht der Golfschläger für die Eins, der Golfball für die Null.

In diesem Beispiel soll sich der Übende folgende Erledigungsliste merken:

1. **Sie wollen früh Ihren Rasen mähen.**
2. **Danach gehen Sie zum Friseur.**
3. **Auf dem Rückweg holen Sie beim Metzger ein großes Stück Leberkäse mit Brötchen.**
4. **Sie bringen jetzt die Kinder zum Kindergarten.**
5. **Nun fahren Sie ins Büro und rufen dort eine Mitarbeiterbesprechung ein.**
6. **Jetzt holen Sie Ihren Computerspezialisten vom Flughafen ab.**
7. **Sie haben einen Termin beim Patentamt.**
8. **Mit dem Bürgermeister Ihrer Stadt treffen Sie zu einem Gespräch zusammen.**
9. **Sie besorgen zwei Theaterkarten.**
10. **Für Ihren Urlaub dürfen Sie die Reservierung der Hotelzimmer am Vierwaldstätter See nicht vergessen.**

Wieder sollte der Leser zunächst selbst versuchen, die Zahlensymbole in der Reihenfolge mit den jeweiligen Erledigungen zu verknüpfen. Nachfolgend wird eine mögliche Lösung wiedergegeben:

Stellen Sie sich vor, wie es morgens noch dunkel ist und Sie die Kerze (Symbol für Zahl 1) auf den Rasenmäher stellen und munter losfahren. Als zweites gehen Sie zum Friseur. Sehen Sie sich als häßliches Entlein hineingehen und als schöner, stolzer Schwan wieder herauskommen. Danach gehen Sie in die Metzgerei und spießen mit Ihrem Dreizack Leberkäse und Brötchen auf. Viertens: Sie drücken Ihren Kindern ein Kleeblatt in die Hand und noch eines in den Mund und schicken sie zum Spielen auf die Kleewiese im Kindergarten. Zu Nummer fünf: Sie winken mit beiden Händen Ihren Mitarbeitern, begrüßen alle per Handschlag und schmücken mit Gesten Ihrer Hände Ihre Rede aus. Sechstens: Sie holen Ihren Elefanten aus der Garage und reiten zum Flughafen. Dort holt dieser mit dem Rüssel Ihren Computertechniker aus dem Jumbo-Jet. Siebentens: Sie melden ein Patent an. Hurra, hurra, es hat geklappt! Mit wehenden Fähnchen umkränzen Sie den Patentanwalt. Achtens: Beim Gespräch mit dem Bürgermeister sehen Sie die Sanduhr auf dem Tisch stehen, die Sie daran erinnert, daß Sie sich kürzer fassen sollten. Neuntens: Mit Ihrer Gattin im Schlangenledermantel stehen Sie bei der Theaterkasse Schlange, und als Sie endlich an der Reihe sind, zischt Sie die Verkäuferin an. Doch das Hineinschlängeln zu den Sitzplätzen klappt. Letztendlich buchen Sie Ihren Urlaub am Vierwaldstätter See im dortigen Golfhotel mit Blick auf den Golfplatz, weil Sie das beruhigt.

Erfolgskontrolle

1 _Rasen mähen_
2 _Friseur_
3 _Wurst und Fleisch kaufen_
4 _Kinder Garten_
5 _Mitarbeiter besprechen_
6 _Computer fachmann abholen Flughafen_
7 _Patentamt_
8 _Gespräch Bürgermeister_
9 _Theater Casse Schlange anstehen_
10 _Urlaub buchen_

Eine weitere Übung

Nehmen wir einmal an, Sie sitzen abends vor dem Fernseher und schauen die Nachrichten an. Jetzt lassen wir das Verknüpfen einmal weg und schießen das Symbolbild einfach beim Kernpunkt der Nachrichtenmeldung in den Bildschirm (natürlich gedanklich).

Als erste Meldung erhalten wir eine Übertragung aus Hamburg. Dort ist Hochwasser. Die Keller sind überschwemmt. Die Feuerwehr ist emsig beim Auspumpen. Stellen Sie sich einfach vor, wie Sie die Kerze (Symbol für 1) in einen Keller vor die Feuerwehr werfen. Es genügt, das Bild eine Zehntelsekunde vor Augen zu sehen.

Die zweite Meldung erhalten Sie aus Berlin. Dort sind Studentenunruhen. Sie sehen Demonstranten mit Transparenten durch die Straßen ziehen. Sie schleudern den flatternden Schwan mitten unter die Menschenmenge. Deutlich sehen, das ist ausreichend.

Als drittes sehen wir uns auf der Erfindermesse in Nürnberg. Deutsche Ingenieure haben aus Styropor Hartschaum-Wochenendhäuser entwickelt, die sehr leicht, wärmeisoliert und preisgünstig sind. Nehmen Sie Ihren Dreizack und spießen Sie in Gedanken ein Styroporhaus auf.

Als vierte Meldung erhalten wir ein Bild aus Tokio. Dort ist die Luft verschmutzt: Smogalarm. Die Behörden hängen alle hundert Meter am Straßenrand Sauerstoffflaschen auf. Kleben Sie ein Kleeblatt darauf, fertig.

Die fünfte Nachricht bekommen wir direkt von der Mündung des Amazonas in Südamerika. Englische Sporttaucher haben ein altes U-Boot entdeckt, geöffnet, und siehe da – es ist voll mit Goldbarren. Halten Sie Ihre Hand darauf und greifen Sie die Barren.

Sechstens: Studenten haben in Freiburg etwas gegen das Waldsterben getan, indem sie die Tannenspitzen gegen den sauren Regen mit Kalk angestrichen haben. Stellen Sie sich vor, der Elefant hätte den Kalk mit dem Rüssel hochgespritzt.

Nummer sieben: Die Amerikaner haben eine Sonde zum Planeten Venus geschickt, die soeben mit Gesteinsproben zurückgekehrt ist. Sehen Sie sich, wie Sie die Flagge in die Gesteinsproben stecken.

Achte Meldung: Einigen Konstrukteuren in Zürich ist es endlich gelungen, das erste fliegende Auto zu erproben. Bei Parkplatznotz drücken Sie auf einen Knopf, erheben sich mit Ihrem Wagen in die Lüfte und landen auf der nächsten Wiese. Besonderes Kennzeichen: Große Sanduhr als Kühlerfigur.

Die neunte Nachricht: Antarktisforscher haben einen Schneemenschen aus dem ewigen Eis herausgehackt, am Ofen aufgetaut, und plötzlich spricht dieser fließend Englisch. Da erhebt sich eine Schlange aus seinem buschigen Haar.

Zehntens: Die Gedächtnistrainer Europas treffen sich im Münchner Hilton. Jeder hat hundert numerierte Witze mit der Bildpointe des Witzes gekoppelt. Einer ruft 27, alle lachen. Ein anderer ruft 39. Niemand lacht. Da stößt ihn sein Nebenmann mit dem Ellbogen an und flüstert: »Wissen Sie, Herr Kollege, es kommt immer darauf an, *wie* man einen Witz erzählt«. Alle gehen zum Golfspiel vor das Hotel. Einer ruft 101. Alle lachen, denn das war ein neuer Witz.

Erfolgskontrolle in Stichworten

1. Hamburg Hochwasser
2. Demo Berlin
3. Messe Nürnberg
4. Smog Tokio
5. U-Boot Amazonas
6. Waldsterben Freiburg
7. Gesteinsproben vom Venus
8. Zürich fliegendes Auto erfunden
9. Antarktisforschung
10. Kongress Gedächtnistrainer in München

Derjenige Leser, der bei den vorangegangenen Übungsbeispielen »mitgemacht« hat, kann nun die einzelnen Nachrichtenmeldungen beziehungsweise Erledigungen in beliebter Reihenfolge sinngemäß wiederholen.

Eine konsequente Anwendung der Braining-Methode, die in diesem Zusammenhang nur in den Grundzügen vorgestellt und nur in wenigen Beispielen geübt werden konnte, verbessert die Gedächtnisleistung entscheidend. Zweifellos kommt dies dem einzelnen sowohl beruflich als auch privat zugute.

Nun sind Sie soweit, daß Sie die Methode auch auf Vokabeln anwenden können.

Herzlichen Glückwunsch für das Durchhalten.

Sie werden reich belohnt werden und Ihre Fähigkeiten verdreifachen.

Vergegenwärtigen Sie sich noch einmal kurz:

Mit den Zahlensymbolen 1–10 war es ganz leicht, sich 10 Erledigungen (oder auch etwas anderes) per Verknüpfung zu merken. Das Beeindruckende daran ist, daß Sie diese Fakten nun auch in und außerhalb der Reihenfolge – sowie vorwärts und rückwärts – abrufen können.

Verblüffen Sie Ihre Freunde einmal damit, wenn Sie dies zu Hause, »im stillen Kämmerlein«, geübt haben. Merken Sie sich auch einmal eine Einkaufsliste mit unerledigten Sachen, eine Bestsellerliste vom Büchermarkt, eine Namensliste und die ersten 10 Schlagzeilen der heutigen Zeitung.

Wenn Sie unterschiedliche Dinge mit den Zahlensymbolen verknüpfen, die sich leicht durch den gesunden Menschenverstand voneinander abgrenzen lassen (z. B. Erledigungen und Zeitungsschlagzeilen), so besteht keinerlei Verwechslungsgefahr, selbst dann nicht, wenn Sie den Schlüssel täglich verwenden.

Die ganz Strebsamen können den Zahlenschlüssel leicht bis 20 erweitern, indem sie sich für die Zahlen 11–20 neue Symbole ausdenken. Damit läßt sich übrigens schon eine freie Rede halten. Doch zum Thema »Gedächtnistraining und Rhetorik« möchte ich sofort im Anschluß an dieses ein weiteres Buch schreiben.

Kinder und auch Erwachsene mit sehr gutem Vorstellungsvermögen können den 10er-Schlüssel leicht auf 100 Positionen erweitern, indem sie die einzelnen Symbole in 10 verschiedene

Farben »tauchen«, z. B. helle Farben für die Zahlen 10–50 und dunkler werdende Farben für die Zahlen 50–100. Diese Farbkontrastabstufung erleichtert die Merkfähigkeit.

Also: 1–10 weiß, 10–20 gelb etc.

Auch die Kombination von zwei Symbolen zu einer zweistelligen Zahl ist praktizierbar.

Gedächtnistraining
bei Nachrichtensendungen

Test I. Versuchen Sie einmal, nach dem Hören oder Sehen der täglichen Nachrichten so viele wie möglich in Form von Stichworten unmittelbar danach wiederzugeben.

Test II. Versuchen Sie, anhand der wiedergegebenen Stichworte möglichst viele Meldungen zu rekonstruieren.

Übung 1. Versuchen Sie, während der Nachrichtenaufnahme Stichworte, Einzelbilder, Fakten in Bandwurmform mit Humor und Einfallsreichtum aneinanderzuketten. Benützen Sie die Einzeldaten als Erinnerungsstützen, mit deren Hilfe Sie den Großteil der Gesamtinformation wiedergeben können.

Üben Sie dies so oft und so häufig wie möglich, um durch Wissen, Systematik und Training in Kürze einen ganzen Vortrag wiedergeben zu können. Dies ist, aus dieser Grundübung abgeleitet, tatsächlich möglich. Deshalb praktizieren Sie diese Grundübung mit Eifer. Es wird Ihnen bald gelingen, den Inhalt eines kurzen Gesprächs wiedergeben zu können.

Übung 2. Wenden Sie bei derselben Übung mehr Vorstellungsvermögen an, indem Sie sich die Informationen direkt jedesmal in der Praxis vorstellen.

Übung 3. Verknüpfen Sie Praxisvorstellungsbilder aneinander; benützen Sie Phantasie und Eselsbrücken.

Übung 4. Stellen Sie sich die einzelnen Praxisbilder so flexibel vor, daß Sie sie in Phantasie nacheinander auf Gegenstände Ihrer Wohnungseinrichtung ablegen können, und zwar immer schneller in der Reihenfolge der Möbelanordnung von rechts nach links oder umgekehrt.

Übung 5. Benützen Sie auch andere Räume, um sie mit Vorstellungensbildern vollzustellen, gehen Sie dann auf bekannte Wege, Stellen und Plätze über.
Merken Sie sich von Anfang an Nachrichten nur für einen Tag, weil es am nächsten Tag ja wieder neue gibt.

Übung 6. Üben Sie die 33-Sätze-Übung aus dem Gedächtnis-Grundkurs. Versuchen Sie danach, sich aus jeder Nachrichtenmeldung einen Kernsatz zu merken und diese Kernsätze aneinanderzukoppeln.

Übung 7. Üben Sie die Zahlensymbole 1 bis 10. Wenn Sie sie flüssig auswendig können, koppeln Sie die Kernsätze (oder Kernbilder) unmittelbar sofort an die einzelnen Zahlenbilder, und die Reihenfolge wird Ihnen von nun an keine Schwierigkeiten mehr bereiten.

Übung 8. Blenden Sie die Bildsymbole nur noch in die verbilderte Meldung ohne Kopplung hinein. Die fortgeschrittene Methode geht so schnell wie ein Blitzlicht-Foto.

Testen Sie das Ergebnis!

Überprüfung der Verknüpfungsgeschicklichkeit

Wie würden Sie folgende 12 Beispiele verknüpfen?

1. Cola
2. Pferd
3. Spitze
4. Eis
5. Wiese
6. Vertreter
7. Würfel
8. Sessel
9. Rose
10. Ostfriese
11. Hähnchenkeule mit Gemüse
12. Fußball

Bei einem meiner Kursteilnehmer sah die Verknüpfung folgendermaßen aus:

1. **Ich stelle die Kerze auf die Cola-Flasche.**
2. **Der Schwan sitzt auf dem Pferd.**
3. **Der Dreizack hat sowieso schon Spitzen.**
4. **Ein Kleeblatt wächst im Eis.**
5. **Mit der Hand zeige ich zur Wiese.**
6. **Der Vertreter sitzt auf dem Elefanten.**
7. **Ich stecke die Fahne in den Würfel.**
8. **Die Sanduhr liegt im Sessel.**
9. **Die Schlange kriecht über die Rose.**
10. **Beim Golfspielen erzählt jemand einen Ostfriesenwitz.**
11. **Hähnchenkeule mit Gemüse und Spaghetti.**
12. **Der Fußball trifft die Uhr.**

Viele Leser und Seminarteilnehmer verknüpfen mit den Zahlen-symbolen einfach anfangs so, wie in den 12 Beispielen beschrie-ben. Aus den ausgewerteten Ergebnissen zahlreicher Seminare wissen wir, daß dies nicht genügt, um alle 12 numerierten Verknüpfungen fehlerlos und lückenfrei wiederzugeben.

Bei einem Profi, der schon ein sehr gut entwickeltes, bildhaftes Vorstellunsgvermögen besitzt, würden diese einfachen Verknüp-fungen evtl. genügen, da er sich alles (auch wenn es weniger Bewegungsgestaltung hat) viel bildhaft-plastischer vorstellen kann.

Sie sind jedoch in dieser Übungsphase noch keine Profis. Deswegen sollten Sie die Bilder mit noch mehr Bewegung gestal-ten, sie verändern, neue Verknüpfungsvarianten entwickeln und generell kreativer und noch origineller und flexibler verknüpfen. Später ist dieser Schritt einmal nicht mehr notwendig. Ich erwähne dies nur deswegen, weil die gesamte Methode einigen Rationalisten unter Ihnen in dieser Lernphase vielleicht zu umständlich vorkommen könnte. Dies ist ein Haupteinwand, der kurze Zeit später durch die Verdreifachung der Lernmenge mit dieser Methode schon widerlegt ist.

Also, gehen Sie auch durch diese neue Lernphase! Verknüpfen Sie ausführlicher! An den folgenden 12 Beispielen werde ich es Ihnen ganz genau erklären, um Ihnen zu helfen, Ihre Verknüp-fungsintelligenz besser zu variieren:

1. Wir sehen die Kerze auf der Cola-Flasche. Das herunterflie-ßende Wachs bedeckt die Aufschrift »Cola«. Die Flasche zerspringt von der Hitze, und die Kerze liegt im dunklen Cola-Saft (als Bild klar umrissen sehen).
2. Der Schwan sitzt nicht nur auf dem Pferd, sondern er schlingt seinen längeren, weißen Hals mehrmals um den schwarzen Pferdehals, schwingt die Flügel, und das Ganze sieht aus wie ein fliegendes Pferd aus der Sage.
3. Wir binden an den Dreizack eine Bleistiftspitze, die wir noch anspitzen, um damit zu schreiben.
4. Eis und Kleeblatt. Wir legen mehrere Kleeblätter in einen Eisblock, oder die Kleeblätter auf der Wiese werden mit einem Spray vereist.

Versuchen Sie bitte, die restlichen Beispiele selbst nach diesem Muster (1–4) zu verknüpfen.

Die Blitzlicht-Technik
oder auch Flash-Technik

Diese bemerkenswerte Kunst ist nach wenigen Übungsstunden schon anwendbar.

Das Neue hieran ist, daß Sie nicht mehr (oder nur noch geringfügig) verknüpfen und dadurch Zeit beim Lernen sparen. Bei der Blitzlicht-Technik sollten wir die ersten 10 Symbole sehr sicher, wie im Schlaf, beherrschen. Sie eignet sich vorwiegend überall da, wo das Einspeichern schnell gehen soll, z. B. beim Merken von Fakten während eines Verkaufsgesprächs, einer Verhandlung, einer Diskussion, beim Anhören einer Rede, beim Durchblättern der Tageszeitung etc., etc. Es gibt unzählig viele weitere Beispiele, die sich Ihnen schon nach wenigen Trainings-übungen auftun.

Das beeindruckendste Beispiel von allen breitgefächerten Anwendungsmöglichkeiten ist jedoch das Merken der Abend-nachrichten im Fernsehen. Dies ist die ideale Gelegenheit, die Blitzlichttechnik zu üben.

Nachdem sich im November 1988 in der Sendung »Wetten, daß ...« von Thomas Gottschalk ein Züricher Mathematikprofes-sor eine 600stellige Zahl (!) gemerkt und fehlerfrei wieder aufge-sagt hat, gewinnen diese Imaginationstechniken zusehens mehr Beachtung und Bedeutung.

Setzen Sie sich also einfach einmal gegen 20 Uhr motiviert vor Ihren Fernsehschirm. Warten Sie die erste Fernsehnachricht ab und verknüpfen Sie jetzt nicht lange und umständlich dieses Ereignis mit der Kerze für Zahl 1, sondern werfen Sie einfach die Kerze (natürlich nur gedanklich) in das Bild auf dem Fernseh-schirm. Der »Aufprall« ist automatisch die Verknüpfung. Mit dieser »Blitzlicht«-Technik geht das Merken viel schneller. Beim Erscheinen des zweiten Nachrichtenbildes tun Sie dasselbe mit

Ihrem Schwan für Nr. 2. Werfen Sie Ihren flatternden Schwan einfach gedanklich in die Bildszene hinein. Zack! Peng!... und sehen Sie gedanklich das Zusammentreffen für einen Moment imaginär. Dasselbe mit der Zahl drei für die 3. Nachricht.

Selbst wenn im Fernsehen einmal kein Bild oder Szenen-Ausschnitt gezeigt wird, so stellen Sie sich das Ereignis einfach bildhaft vor und verfahren mit dem Phantasiebild genauso wie mit dem wirklichen Bild.

Bei dieser rasanten Geschwindigkeit können Sie sich immer nur den Kernpunkt des Geschehens merken. Sie werden jedoch nach wenigen Übungstagen die verblüffende Entdeckung machen, daß Sie bei all den Nachrichten, von denen Sie sich nur das Hauptereignis gemerkt haben, trotzdem fast alle Nebenereignisse, die entweder im Bild gezeigt wurden oder die der/die Nachrichten-sprecher/in **zusätzlich** erzählt hat, fast **lückenlos abrufen können.**

Dies ist eine ganz besondere Entdeckung in der Ära des Gedächtnistrainings. Damit ist im Grunde bewiesen, daß wir erinnerungstechnisch eigentlich **nur** wieder in »die gleiche Spur-rille der Schallplatte« gelangen müssen – und alle Informationen, die wir vorher oft vergeblich gesucht haben, sind wieder da. Die Blitzlicht-Technik schafft im Grunde nur Markierungsplätze, um genau dort wieder hinzugelangen, wo die Information gespeichert ist.

Wir vergessen nämlich nicht, sondern wir finden nur den Weg zu der gespeicherten Information nicht so leicht. Wir brauchen also Wegmarkierungen. So wie eine Bibliothek nach einzelnen Wissensgebieten geordnet ist oder wie in einem Buch das Inhalts-verzeichnis die Kapitel auflistet, so benötigen wir in unserer Erinnerung ebenfalls eine »**Beschriftung der Schubladen«.**

Denken Sie auch einmal an einen Indianer, der den Weg durch den Wald wiederfindet, indem er sich hervorstechende Land-schaftsgebilde merkt oder gar Zeichen in die Bäume ritzt und Zweige umknickt.

Beim Verknüpfen von Wortbildern haben Sie also gleichzeitig auch Markierungen geschaffen.

> *Durch häufiges Training läßt sich sogar feststellen: Je mehr Sie selbst den Lernstoff verändern oder umgestalten, desto größer und leichter ist der spontane Wiedererinnerungsfaktor.*

Damit haben wir eine dem Training zugrundeliegende wissenschaftliche These aufgestellt.

In der Anwendung heißt das: Je mehr Sie mit dem Üben des bildhaften Lernens noch in den Anfängerschuhen stecken, desto mehr Verknüpfung, Veränderung und Umgestaltung, oft auch Vernetzung, des Lernstoffes durch Sie ist notwendig, um viel zu behalten.

Je länger Sie andererseits schon üben und je besser Ihre Imaginationskraft und Ihr Vorstellungsvermögen geworden sind, desto weniger Veränderung, Verknüpfung und Umgestaltung ist erforderlich!

Damit ist auch erklärt, warum Sie nicht sofort mit dem Vokabellernen per Aktiv-Methode beginnen konnten und erst vorbereitende Übungen praktizieren mußten.

Am effektivsten lernen Sie Vokabeln, wenn Sie das Lernen mit der Bildvorstellung schon so gut geübt haben, daß Ihnen ein Minimum an Bildeindruck genügt, um sich spontan an die richtige Vokabel erinnern zu können.

100 Vokabeln pro Stunde und durchaus auch das Doppelte sind keine Seltenheit.

Fazit: Eine geringe Veränderung als Bildreiz genügt, um sich an die ursprüngliche Vokabel zu erinnern. Dabei können Sie sich auch ähnlich klingende Wörter bildhaft vorstellen oder einfach die erst- und nächstbeste ähnlich klingende **Eselsbrücke ersatzweise** als Erinnerungsauslöser benutzen.

Genauigkeit ist hier nicht erforderlich.

In Gedächtnistrainerkreisen nennen wir dies auch das Lernen von Vokabeln mit Ähnlichkeits- oder Ersatzwörtern. Dabei kommt es lediglich darauf an, durch das ähnliche Wort oder Bild wieder an die Vokabel erinnert zu werden. Dieses dient somit **nur** als Erinnerungsauslöser bzw. Eselsbrücke. Sie finden also mittels dieses oft kuriosen Auslöserreizes zum ursprünglichen Wort wieder zurück. Er dient als geistige Wegmarkierung (Indianer!), als ein Zurückfinden in die »Schallplattenrille« oder »Schublade«, wo das richtige Wort steckt.

Die Eselsbrücke ist somit die Schubladenbeschriftung. Sie dient **nur** Ihrer inneren Orientierung und braucht niemals ausgesprochen zu werden.

Mit der Übung wird das Eselsbrückenbild mit der Zeit immer weniger, so daß Sie sich nach wenigen Wochen schon durch ganz geringfügige Reize an die ursprüngliche Vokabel erinnern werden.

Bei regelmäßigem Training über einige Monate werden Sie sogar ganz ohne diese Brücke auskommen können und sich die gelernte Vokabel einfach merken. Dieses Ideal ist anfangs nicht so leicht erreichbar. Doch Ihre Aufmerksamkeit und Wachsamkeit nimmt durch dieses Training zu, die Erinnerungswege werden immer bewußter, kürzer und spontaner.

Anfangs sollten Sie jedoch eher umgekehrt üben und die Verknüpfungen, Ersatzbegriffe und Veränderungen so ausgeschmückt und bewegt wie möglich gestalten, damit der Erinnerungsweg **möglichst viel Bildfläche** in Ihrer Vorstellung einnimmt.

Üben Sie anfangs mit Kindern zusammen, wenn Sie die möglichkeit haben, denn Kinder haben einen leichteren Zugang zu dieser Methode, und Sie können davon nur profitieren!

Und nun versuchen Sie einmal selbst, mit originellen Spontaneinfällen Vokabeln zu lernen.

Ich liste Ihnen hier für einen kleinen Versuch einige Vokabeln auf, die der berühmte amerikanische Gedächtnisakrobat Harry Lorayne in seinem Buch »Der schnelle Weg zum guten Gedächtnis« (Delphin Verlag, München 1987) in Bilder faßt.

Versuchen Sie ganz spontan, einige Einpräghilfen hierzu finden:

cherry (engl.)	–	Kirsche
bataille (frz.)	–	Schlacht
bête (frz.)	–	wildes Tier
malheur (frz.)	–	Unglück
partir (frz.)	–	abreisen, wegfahren
pollo (it.)	–	Huhn
byxor (schwed.)	–	Hose
potage (frz.)	–	Suppe
glêbe (frz.)	–	Scholle

Vergessen Sie Ihre eigenen Einfälle nicht; sie sind immer die besten.

Variieren Sie das Vokabellernen

Wenn Sie schon eine bewährte Lernmethodik haben, so behalten Sie diese bei, steigern Sie sich und ergänzen Sie Ihre Lerntechnik durch eine weitere.

Es gibt Menschen, die gerade dadurch gut lernen, daß sie sich jedes zu lernende Fremdwort sofort innerlich vorstellen oder sogar in Gedanken hinschreiben. Mit bildhaftem Vorstellungsvermögen kann diese Technik zur Professionalität gesteigert werden. Sie beginnen einfach damit, sich eine große, schwarze Tafel vorzustellen und mit weißer Kreide Ihre neue Vokabel, die Sie soeben gelesen oder übersetzt haben, anzuschreiben.

Solange das Vorstellungsvermögen noch nicht so stark entwickelt ist, sollten Sie das gedanklich angeschriebene Wort noch einmal nachfahren und innerlich nachsprechen sowie sich der deutschen Bedeutung bewußt sein.

Versuchen Sie es einmal mit zehn Vokabeln, Sie werden überrascht sein, daß die Lerndauer überraschend kurz ist und bei einigermaßen gutem Vorstellungsvermögen die Behaltensdauer doch länger und präziser als bei dem alltäglich gelernten Wort. Selbstverständlich können Sie auch innerhalb jeder Methode variieren. Stellen Sie sich zur Abwechslung eine weiße Papiertafel vor und malen Sie mit dunkelblauem Stift Ihre Vokabel zweimal darauf.

Personen mit weniger gutem Vorstellungsvermögen können dadurch ihr bildhaftes Sehen und ihr fotografisches Gedächtnis sowie ihre geistige Aktivität und Flexibilität phantastisch verbessern. Dies geht anfangs oft schleppend langsam und mit den ersten Erfolgen dann immer schneller und schneller und schneller – bis Sie auch mit dieser Methode eine gute Lernzeitverkürzung erzielen.

Weniger theoretisch, sondern mehr praktisch veranlagte Seminarteilnehmer lernen Vokabeln oft auch einfach so, daß sie sie drei-, vier- oder gar siebenmal hinschreiben. Diese nicht immer so beliebte Methode (wegen des Mehraufwandes) hat den Vorteil, daß die gelernten Worte so sehr intensiv und dauerhaft im Langzeitgedächtnis verankert bleiben. Vorrangig wichtig ist eigentlich nur, daß Lernen mit Leichtigkeit, Interesse, Motivation und Freude betrieben wird. Gerade das Ausprobieren von verschiedenen Lernwegen kann Schülern das Lernen wieder schmackhaft machen.

Auch Erwachsenen macht das »Experimentieren« und das Entdecken von neuen geistigen Fähigkeiten als eine Art Selbstentdeckung viel Spaß. Was es noch zu sagen gäbe wäre, daß Lerntechniken auch eine Zeitlang praktiziert werden müssen, um beim einzelnen zu funktionieren.

Praktische Erfahrungen sind besonders wichtig, nicht nur für Ihr Lernen, sondern auch für Ihren persönlichen Fortschritt, Ihr Leben und die Verwirklichung Ihrer Eigenschaften und Fähigkeiten. Behalten Sie dies in Ihrer Aufmerksamkeit und Sie werden beachtliche Steigerungsmöglichkeiten an sich selbst entdecken.

Vorstufe zum Vokabellernen

An und für sich ist für das Vokabellernen keine weitere Gedächtnistechnik mehr notwendig.

Nach Erlernung der Blitzlicht-Technik ergibt sich die Beherrschung von Fremdworten, abstrakten Begriffen und Vokabeln von selbst.

Eine Schülerin aus einem unserer Oberstufenkurse hat dies einmal ganz einfach so ausgedrückt:»Die Gedächtnistechnik funktioniert jetzt bei mir so gut, daß ich mir auch Worte merken kann, die ich nicht verstehe, indem ich mir einfach das geschriebene Wort ganz groß und klar vorstelle«.

Tatsächlich konnte diese Schülerin nach wenigen Tagen Training mit denselben Techniken, die hier von Buchanfang bis zur Blitzlicht-Technik beschrieben worden sind, sich einfach eine schwarze Tafel im Geist ganz deutlich vorstellen, mit weißer Kreide das Fremdwort klar und groß in Gedanken darauf schreiben und es innerlich geschrieben sehen.

Dieses Ergebnis haben wir dann in den letzten sieben Jahren mit Hunderten von Oberstufenschülern in ein bis zwei Tagen Training erreicht.

Die einzige Möglichkeit, dieses Erfolgsziel nicht zu erreichen, liegt darin, zuwenig zu üben.

Falls Sie merken, daß Sie Ihr Ziel zu langsam erreichen, empfehle ich Ihnen, die Übungen meines ersten Buchs»So merke ich mir Namen und Gesichter«, Delphin-Verlag, zusätzlich zu praktizieren.

Die Zeitspanne zur Erreichung dieser Fähigkeit ist individuell oft sehr unterschiedlich. Das einmalige Durchlesen des Buchs genügt ganz sicher nicht, da beim ersten Durchgang der Übungen der Überraschungseffekt noch zu hoch ist. Erst wenn dieser Punkt der Neuartigkeit einigermaßen verdaut ist, trägt das Üben der flexiblen Vorstellungskraft schnellere Früchte.

Zum Beispiel müßten Sie bei der Übung »mit weißer Kreide Fremdworte an eine schwarze Tafel schreiben« auch einmal ausprobieren, ob es für Sie nicht leichter ist, mit einem dicken Farbstift in Ihrer Lieblingsfarbe auf ein großes, weißes Papier, das auf Ihrem Tisch liegt, groß und klar zu schreiben und das geschriebene Wort innerlich zu sehen.

Wenn Sie zum Beispiel feststellen, daß die gedanklich niedergeschriebenen Worte sich nur in Ihr Kurzzeitgedächtnis einprägen, so vertiefen Sie die Bildintensität, indem Sie – wie ein Künstler – das bereits in Ihrer Vorstellung geschriebene Wort gedanklich noch einmal ausschmücken.

Hier möchte ich Ihnen völlig freie Hand lassen. Sie könnten z. B. die Rundungen der Vokale a, e, o, u mit einer Gegensatzfarbe ausmalen oder die Anfangs- und Endbuchstaben mit Schnörkeln und Verzierungen ausschmücken.

Immer dann, wenn es noch nicht klappt, müssen Sie die Bildfläche vergrößern, also z. B. mit einem 30 cm breiten Malerpinsel mit Leuchtfarbe an eine Ihnen bekannte Kinoleinwand schreiben. Denken Sie daran, daß Ihnen in der Vorstellungskraft grundsätzlich alles – ohne Grenzen und Hindernisse – möglich ist, und beachten Sie, daß Sie sich nur durch Ihr eigenes »Dafürhalten« und Denken begrenzen.

Genießen Sie diese innere Freiheit gerade beim Vokabellernen! Die Bildersprache ist natürlicher als die verbale Sprache, weil es die Sprache Ihres Unterbewußtseins ist. Üben Sie bitte auch im Alltag.

Wenn Ihnen z. B. ein Herr Schellenmooser vorgestellt wird, dann hängen Sie ihm einfach in Gedanken ein großes Schild um den Hals und schreiben Sie »Schellenmooser« ganz groß und deutlich darauf. Der nächste kreative Schritt wäre, dem Herrn Schellenmooser eine große Schelle auf den Kopf zu setzen, auf der (grünes) Moos wächst.

Dies sind die unglaublichen und phantastischen Möglichkeiten Ihrer kreativen Vorstellungskraft, die es täglich neu zu entdecken gilt.

Diese Übung gilt auch bei Tieren. Wenn z. B. der Hund Ihres Nachbarn Tuffi heißt, lassen Sie den Tuffi auch ein großes Schild mit dem Namen »Tuffi« als riesengroße Hundemarke um den Hals tragen. Und bei Ihrem nächsten Zoobesuch nehmen Sie Ihre Kinder mit und taufen alle Zootiere mit einem möglichst ausgefallenen Namen. Bei Anwendung dieser Bildtechnik werden Sie feststellen, daß beim zweiten Durchgang Ihre Kinder alle erfundenen Namen zum richtigen Tier noch wissen, während Sie als Erwachsener ohne unsere Gedächtnistechnik nicht einmal zu 30 % mit Ihren Kindern mithalten könnten.

Nach sieben bis zehn neuen Namen ist fast jeder Erwachsene ohne dieses Training absolut an seiner Grenze, ohne die geringste Chance und Aussicht auf auch nur die kleinste Steigerungsmöglichkeit. Und gerade an diesem Punkt wirkt unser Training anfangs kleine und später immer größere »Wunder«.

Selbstverständlich können Sie sich auch etwas anderes ausdenken oder z. B. die Namen der Tiere ganz groß direkt auf ihre Haut schreiben.

Der nächste Schwierigkeitsgrad wäre die Besichtigung einer Kunstgalerie. Die Bezeichnung der Gemälde wird Ihnen leicht erscheinen. Die Hinzufügung des Malernamens wird Ihnen etwas schwerer fallen, weil weniger Bild ins Spiel kommt.

Wenn in der Galerie ein Bild hängt, z. B. »Die gelbe Rose«, und auf dem Bild eine gelbe Rose zu sehen ist, dann ist das ganz leicht und Sie brauchen sich fast nichts zu merken.

Wenn Sie auf ein Landschaftsbild stoßen mit der Benennung »Stimmung im Morgengrauen«, so ist das Merken ebenfalls leicht. Viel mehr Phantasie und geübte Vorstellungsgabe brauchen Sie jedoch, wenn der Name des Künstlers »Sigrun Korchowski« lautet. Sie sehen hier also eine deutliche Schwierigkeitssteigerung. Und genau diese Erhöhung der Anforderung haben Sie beim Vokabellernen im Vergleich zur einfachen Wortkoppelung, die wir bis jetzt geübt haben.

Beharrliches Training ist die Lösung!

Beginnen Sie jedoch mit kleineren Schritten, indem Sie zunächst kürzere Vokabeln zum Üben verwenden. Es ist leichter für Sie, wenn Sie von Ihrer Muttersprache ausgehen, weil dies den üblichen Denkvorgang darstellt. Nehmen Sie z. B. kurze deutsch-englische Worte wie:

fähig = able
Abgrund = abyss
Sonne = sun
Affe = ape
Gebiet = area
Arche = ark
Pfeil = arrow
Bogenschütze = archer
Speck = bacon
Schönheit = beauty
Biber = beaver

Um die Merkfähigkeit zu üben, schreiben Sie in Gedanken die jeweiligen Englisch-Worte mit weißer Kreide (wie bereits erklärt) auf eine schwarze Tafel.

Und anfangs auch noch die deutsche Bedeutung darunter. Sie können diese Reihe von kurzen, englischen Worten beliebig mit einem geeigneten Wörterbuch fortsetzen.

Die Vokabelmethode mit Lernkärtchen

Diese Methode funktioniert mit der Anfertigung einer Reihe von Kärtchen (aus einem Blatt Papier), die etwa so groß wie eine Spielkarte sind. Auch ein Karteikästchen mit kleinen Karteikarten aus Pappe eignet sich hervorragend dazu. Das Vokabellernen mit Kärtchen ist teilweise schon bekannt. Schreiben Sie auf die Vorderseite das englische Wort und auf die Rückseite die deutsche Bedeutung.

Das Neue daran ist, diese Kärtchen-Lernmethode mit der Bildhaften-Vorstellungs-Methode so zu verknüpfen, daß Sie das hingeschriebene Wort auch in Gedanken ganz groß und deutlich sehen können.

Machen Sie sich hierbei jetzt auch ganz klar die in diesem Buch antrainierte *bildhafte Vorstellungskraft* zunutze (*Kraft* will in diesem Fall zum Ausdruck bringen, daß diese Eigenschaft durch Training steigerbar ist). Erschaffen Sie möglichst zu jedem Wort ein geistiges Bild, indem Sie das Wort auch ganz klar vor Ihrem inneren Auge sehen lernen. Als zweiten Schritt können Sie auch ein geistiges Bild kreieren, ja sogar einen Film oder eine kurze Handlung. Dies wollen wir in den nächsten Kapiteln noch genau erläutern.

Noch mehr Vokabelbeispiele
zur Einübung

Vor jeder bildhaften Verknüpfung empfehle ich Ihnen, jedes Wort aufzuschreiben, langsam vor sich hin zu sprechen und zu hören, wie es für Sie klingt. Zum Beispiel

smattering = oberflächliche Kenntnis

Was kommt Ihnen spontan in den Sinn, wenn Sie »smattering« langsam und laut vor sich hin sprechen, wenn Sie dieses neu zu lernende, englische Wort hören?

Vor meinem inneren Auge erscheint mir das Bild eines großen, bunten Schmetterlings, der von Blume zu Blume flattert und deswegen nur eine »oberflächliche Kenntnis« wahrnehmen kann.

Schauen Sie sich zur Einübung genau folgende Beispiele an und denken Sie immer daran, daß jeder Mensch eine sehr individuelle Art besitzt, Dinge und Situationen zu erleben, und sich diese ganz anders vorstellen kann:

skate = Schlittschuh

Ich sehe Riesenschlittschuhe. Und die Kate fährt hiermit.

(to) shuffle = Karten mischen

Mit einer großen Schaufel mische ich die Karten.

shank = Unterschenkel

Ich sehe einen Unterschenkel, der ganz schlank ist.

vulture = Geier

Voll auf Tour (vul-ture) ist der Geier.

station = Bahnhof

Ich steh' schon (sta-tion) am Bahnhof.

spot = Fleck

Die anderen spotten, wenn ich mir Flecken mache.

rock = Fels

Auf dem Fels tanze ich Rock and Roll.

spinster = alte Jungfer

»Spinnt er!« (spin-ster) sagt die alte Jungfer.

spawn = Laich

Mit einem (Holz)span sammle ich den Laich.

sorcerer = Zauberer

Einer, der ständig in der Soße rührt, (sorce-rer), ist ein Zauberer.

(to) shave = rasieren

Der Chef rasiert sich mit einem Riesen-Rasiermesser.

sack = Plünderung

Ich werfe in einen großen Sack das Plünderungsgut.

sagacity = Scharfsinn

Die Saga erzähle ich in der City (saga-city) mit viel Scharfsinn.

rocker = Halbstarker

Den Rock zieht er an (rock-er). Wenn er den Rock an hat, ist er halb so stark.

robber = Räuber

In der Robe kommt ein Riesen-Räuber

rocket = Rakete

Wegen der starken Ähnlichkeit der zwei Worte »rocket=Raket(e)« brauchen Sie keine besondere Kopplung. Folglich können Sie sich den einzigen Wortunterschied einprägen, indem Sie z. B. auf eine groß vorgestellte Rakete nur noch ein »O« (Hinweis auf rocket) aufmalen.

robin = Rotkehlchen

Der Robin Hood hat ein Rotkehlchen auf der Brust.

(to) retell = nacherzählen

Das Reh geht zu Wilhelm Tell (re-tell) und erzählt ihm alles nach, was es gesehen hat.

reputable = angesehen

Wenn das Reh zur Pute hinbläst (re-puta-ble), wird es hoch angesehen.

remorse = Gewissensbisse

Das Reh morst (z. B. am Morsegerät auf dem Postamt), daß es Gewissensbisse hat.

(to) relax = lockern, entspannen

Das Reh liegt auf einem Riesenlachs (re-lax) und entspannt sich dabei.

spectacles = Brille

Wenn ich bei meiner Freundin eine Riesenbrille aufsetze, dann macht sie einen Spektakel.

refrigerator = Kühlschrank

Das Reh friert an diesem Generator (re-fri-gerator) und setzt sich lieber in den Kühlschrank 'rein.

Wenn Sie meinen, daß »das Reh« in diesen Beispielen zu oft vorkommt, dann können Sie sich gerade durch diese Meinung zur Koppelung gleich noch die wirkliche Bedeutung von »re-« einprägen: »re-« heißt nämlich »wieder, noch einmal, neu, zurück, wider«.

(to) put = legen, setzen, bringen, stellen

Ich sage zu den Hühnern »put, put, put«, und sie legen Eier, sie setzen sich. Ich bringe sie auf den Markt, und ich stelle sie auf den Tisch.

shirt = Hemd

Ich schere mich nie um mein Hemd.

Beachten Sie bitte genau diesen Hinweis von mir: Zu perfekt oder zu gut und detailliert verknüpfen wollen heißt sofort, in der Spontaneität nachlassen und sich bereits – von der Methode weg – rückwärts bewegen. Die bildhafte, schöpferische Verknüpfungsmethode muß »locker laufen« wie ein unbekümmertes Kind. Sobald Sie »dem Kind« die genauen Schritte vorschreiben, verliert es die Macht der Spontaneität.

Wichtig ist nur, daß Sie die Ihnen spontan eingefallenen Bilder vor Ihrem inneren Auge ganz klar umrissen sehen, daß Sie sich trauen, das Bild so übertrieben, so paradox, so überdimensional, so ausgefallen wie möglich zu gestalten zugunsten seiner Einprägung in das Langzeitgedächtnis, und daß Sie es sofort assoziieren mit dem entsprechenden Wort in der anderen Fremdsprache.

Dies verlangt von Ihnen, daß Sie sich konzentrieren, daß Sie sich sogar »geistig etwas anstrengen«. Dadurch – und gerade wegen Ihrer vermehrten Aufmerksamkeit – prägen Sie das Wort automatisch in Ihr Langzeitgedächtnis ein.

Hiermit erreichen Sie drei Ziele auf einmal: Sie lernen Fremdsprachen leichter, Sie üben Ihr Gedächtnis und Sie verbessern durch ständige Aufmerksamkeit und Konzentration Ihr gesamtes Erinnerungsvermögen!

Üben Sie noch mit weiteren Verknüpfungsbeispielen:

sediment = Bodensatz

Ich sehe (se) diesen (di) Zement (ment) als Bodensatz

seldom = selten

In der Firma S.E.L. (sel) steht ein Dom (dom). Und das ist sehr selten!

baboon = Pavian

Der Baby (ba) -Boom (boon) ist bei den Pavianen ausgebrochen. Und damit Sie sich daran erinnern, daß dieses Wort nicht mit »m«, sondern mit »n« geschrieben wird, schreiben Sie z. B. ein großes »N« den Pavian-Babys auf die Brust.

Irgendwann, in einem fortgeschrittenen Stadium, werden Sie beim Vokabelverknüpfen Ihr direktes, verstandesmäßiges Denken weglassen. Und zu diesem Zeitpunkt wird die Methode für Sie viel besser und schneller anwendbar sein. Wenn Sie dann Ihre Fremdwörter noch lockerer, spontaner und schneller lernen und Sie gefragt werden, wie Sie es überhaupt schaffen, dann wird es

Ihnen wie dem Tausendfüßler gehen. Dieser wurde einmal gefragt, wie es ihm gelinge, alle seine Beine gleichzeitig zu bewegen. Da dachte der Tausendfüßler nach, und er konnte plötzlich nicht mehr laufen.

Das soll bedeuten, daß der letzte Kunstgriff eben am besten funktioniert ohne verstandesmäßige Erklärung.

Es ist eine Grenzüberschreitung unseres Denkens zugunsten der schöpferischen Vorstellungskraft, die Sie dann am schnellsten erleben, wenn Sie diese Methode viel mit Ihren Kindern üben, ohne jedoch in deren Denken korrigierend einzugreifen. Ihr Kind kann z. B. zum Wort »himmelblau = azure« die exakte englische Aussprache ['æze] noch nicht bilden. Es wird wahrscheinlich nach der Schreibweise verknüpfen und sagen: Heute ist der Himmel blau: Ah (a), ich gehe zum (zu) Reh (re)!

Akzeptieren Sie das einfach ohne Vorurteile! **Eine Eselsbrücke muß nicht logisch sein.** Eine lustige, humorvolle oder absurde, spontane Assoziation prägt sich schneller ein und hält viel länger!

Mit ganz wenigen, eventuell 1-2maligen Wiederholungen prägen sich gute, bildhafte Verknüpfungen für immer ein!

Wenn Sie ausdauernd weiterüben, werden Sie feststellen, daß die Verknüpfungen eines Gedächtnisakrobaten sprachlich einfach nicht mehr mitteilbar sind, daß sie jedoch für den betreffenden Menschen trotzdem bestens funktionieren.

Gedächtnistrainer machen diese Erfahrung bei sich und bei ihren Schülern ständig. Auch Sie werden sich daran gewöhnen. Auf Anfrage vermitteln wir Ihnen gerne den Kontakt zu Personen, welche die Methode seit Jahren beherrschen und laufend praktizieren. Wie würden Sie einfach das englische Wort

bachelor = Junggeselle

verknüpfen? Gehe ich nach dem geschriebenen Wort vor, so sehe ich einen Junggesellen am Bach (bach) sitzend, sich am Ohr (or) kratzen (und dabei fragt er sich »Warum bin ich denn immer noch Junggeselle?). Gehe ich jedoch nach der Aussprache vor, dann heißt es ['bætSele], und ich sehe den Junggesellen, wie er den Becher leert, also hochhebt und austrinkt.

Machen Sie sich bitte nicht so viele Gedanken, wenn Sie bei einem Wort einmal keine Verknüpfung finden! Denn in diesem

Fall werden Sie sich mit diesem Wort so ausgiebig beschäftigen, daß Sie es dann mit Ihrem natürlichen Gedächtnis schon gelernt haben.

Also, auf irgendeine Art und Weise funktioniert es immer! Es ist wie bei der Kreativität. Sie müssen für Neues offen bleiben!

Beobachten Sie diese Beispiele:

Stacheldraht = barbed wire

Ich habe mir dieses Wort durch folgende Szene eingeprägt: Als ich mich versehentlich in den Stacheldraht setzte, sprang ich mit einem Satz über die Bar (bar) ins Bett (bed) und wieherte (wire). Das englische Wort für Stacheldraht »barbed wire« habe ich mir nach dieser bewegten Vorstellung für immer eingeprägt und mußte es kein einziges Mal wiederholen.

Ich denke, daß Sie nun langsam eine Vorstellung davon bekommen, was möglich ist und wie Sie das ganz besondere Ziel erreichen können. Was fällt Ihnen bei

Friseur = barber ein?

Ich z. B. denke: Ich sitze beim Friseur und esse Rhabarber.

Sie können alle Bildverknüpfungen, die Sie schaffen, mit weiteren, erfundenen Zusätzen versehen, um die Szene und die Bildfläche – zwecks besserer Einprägsamkeit – zu »vergrößern«.

Da Sie die Betonung von selbst auf das Wesentliche legen, werden Sie später jederzeit unterscheiden können, welche Bestandteile vom ganzen Bild zum richtigen Wort passen.

Dieses Unterscheidungsvermögen wird sich durch die Übungsdauer automatisch bessern.

Wenn Sie sich zum Beispiel das Wort aus dem Englischen

bare als **nackt, bloß**

verbildern wollen, und Ihnen der Satz einfällt: »Laß bloß die Finger von einem nackten Bär weg!«, so werden Sie sich nach einer einzigen Wiederholung die richtige Zuordnung ganz von selbst einprägen.

Wollen Sie noch mehr Beispiele?

bargain = Geschäft, Handel

Dabei fällt mir ein, daß es hier darauf ankommt, »bar (bar) zu zahlen schon am Beginn(gain), um ein gutes Geschäft zu machen«.

Klingel, Glocke = bell

Wenn ich die Klingel drücke, dann läutet die Glocke mit einem bellenden (bell) Ton, und der Hund bellt.

Rechnung = bill

Mir fällt hier ein, daß »die Rechnung selten billig (bill) ist«.

Und so weiter . . .

Einstellungsoptimierung

zum Vokabellernen

1. Widmen Sie dem Thema »Vokabeln lernen« noch mehr Interesse, Aufmerksamkeit und Konzentration! Meiden Sie Vorurteile und Ablenkungen.
2. Machen Sie sich klar, daß Ihr Selbstbewußtsein steigt, während Sie diese besondere Methode erlernen.
3. Setzen Sie sich intensiv und regelmäßig damit auseinander. So übertreffen Sie die Lernergebnisse anderer Personen bei weitem.
4. Seien Sie unbeeinflußt von den Meinungen anderer, die diese Technik noch nicht beherrschen.
5. Finden Sie immer mehr Freude an dieser besonderen Lernart und variieren Sie diese noch mehr.
6. Träumen Sie von noch größeren Lernfähigkeiten als den hier beschriebenen, und sie werden eines Tages für Sie erreichbar sein.
7. Steigern Sie ständig ein wenig Ihre Lernintensität und den Willen dazu.
8. Definieren Sie Ihre Sprach-Lernziele klar für sich.
9. Akzeptieren Sie, daß nicht alles sofort ohne Üben funktioniert.
10. Wollen Sie das, was Sie wünschen, wirklich.
11. Werden Sie besser als andere Menschen.
12. Sehen Sie klar, daß Sie Teile dieser Methode noch nicht beherrschen können. Und machen Sie sich klar, daß Sie andere Teile – inklusive Ihrer bisherigen Lernart – bereits glänzend praktizieren.
13. Sprechen Sie mit Gleichgesinnten über die Vor- und Nachteile der verschiedenen Lernmethoden und bleiben Sie immer sehr optimistisch dabei.

14. Selbst wenn Sie nicht sofort die Entwicklung aller Fähigkeiten erreichen, so verbessern Sie sich doch sehr in erstaunlich kurzer Zeit.

Neue Horizonte tun sich für Sie auf, und Sie gewinnen neue Einsichten in das Funktionieren Ihrer Geisteskräfte und Ihrer Kreativität.

Mehr Vorstellungsbilder
bei Vokabeln

Die »Egal-Regel«

Bei jedem Wort, das Sie kennen, ist es leicht, sich sofort ein vorgestelltes Bild davon zu machen. Wenn wir ein Wort nicht nur lesen, sondern uns die genannte Sache auch vorstellen, gelangen wir einen Schritt weiter in Richtung Langzeitgedächtnis. Genau da wollen wir beim Vokabellernen hin.

Jedes Wort, das Sie nicht verstehen, gleicht einer zu lernenden Vokabel, und wir sollten uns sofort daran gewöhnen, bei jedem Fremdwort gleich seine Bedeutung nachzuprüfen oder im Lexikon nachzuschlagen. **Bildhaft Vorgestelltes ist immer auch verständlicher.** Unsere Intelligenz wächst. Wir verstehen besser. Wir lernen leichter. Üben Sie sich also einfach darin, Vokabeln bildhaft zu sehen. Nun wird es Ihnen – vor allem am Anfang – nicht gleich gelingen, bei jedem Wort sofort ein Bild zu sehen.

Sie werden beobachten, daß Ihnen bei den meisten Vokabeln sofort und spontan, auf Anhieb, kein passendes Bild einfällt. Um dieses Problem zu lösen, darf ich Sie mit der nur ganz wenigen Menschen bekannten »Egal-Regel« für das Vorstellungsvermögen bekanntmachen.

Die »Egal-Regel« besagt, daß Vorstellungskraft **immer** als Erinnerungsstütze und Eselsbrücke dient, ganz egal ob die Bildvorstellung logisch, unlogisch, passend oder unpassend, praktisch oder nicht praktisch ist.

Der **geringste** Ähnlichkeitsreiz genügt also schon, um auf der bildhaften Vorstellungsebene den totalen Rückruf der Erinnerung zu bewerkstelligen.

Diese Regel ist geradezu phantastisch. Teile dieser Egal-Regel sind in meinem ersten Buch »So merke ich mir Namen und Gesichter«, Delphin Verlag, München, als Übungen schon dargestellt. Ich empfehle Ihnen die Übungen aus diesem 1. Buch »wärmstens« als Vor-Training zum perfekten Vokabel-Gedächtnis.

Üben wir nun im folgenden die phantastische »Egal-Regel« an einigen Beispielen:

Auf Spanisch heißt »der Dritte« *tercero*. Ich teile dieses Wort z. B. so: ter – cer – o. Ich stelle mir dann ein Team von 3 Personen vor, und der Dritte von ihnen *kehrt* den *Teer* weg, und die anderen rufen *»oh«*.

Tenemos heißt auf Spanisch »wir haben«. Ich verbildere: Wir haben auf der *Tenne Moos* (tene – mos).

Tirar heißt werfen oder wegwerfen. Ich stelle mir vor, wie ein Spanier ein *Tier* doch nicht wegwirft, weil es rar ist.

Ventana heißt Fenster: Am *Fenster* steht die *Anna*.

Poder heißt Macht und Kraft. Ich sehe z. B. eine Dame, die sich mit *Puder* schminkt, damit ihre erotische *Macht* und Ausstrahlungs*kraft* zunimmt.

Pareja heißt Paar. Nun, die beiden sind ein *Paar*, weil sie zueinander *ja* gesagt haben.

Sicher werden Sie feststellen, daß Ihnen einige Bildbeispiele, die ich hier aufgeführt habe, sofort wieder erinnerbar sind. Andere Beispiele werden Ihnen nicht zusagen. Ja, Sie können sich mit einigen Beispielen von mir absolut nicht anfreunden.

Das ist schon richtig so.

Der genaue Grund dafür ist, daß **jeder Mensch eine ganz individuelle Phantasie** bei der Bildung von Vorstellungen hat.

Bilden Sie also – ganz flexibel, persönlich und individuell – Bildverknüpfungen so, wie es Ihnen am meisten zusagt. Das, was Ihnen einfällt, ist eben dann mit **Ihrer** Phantasie am besten – speziell für Sie – merk- und erinnerbar. Trotzdem sollten Sie viele Beispiele von mir beachten, damit **Ihre** Phantasie angeregt wird und aus dem »Dornröschenschlaf« bisheriger, konservativer Ausbildung erwacht und selbständig wird. Dies ist einer der wichtigsten Schritte in Ihrer ganz persönlichen Kreativitäts-Entwicklung.

So vage und allgemein Ihnen dies am Anfang vorkommt, so dankbar werden Sie der Methode sein, wenn Sie sie beherrschen lernen.

Werden Sie unaufhaltbar
Wie Sie als Vokabellerner
einfach nicht mehr zu bremsen sind

Mit der Übung bekommen Sie ein Gespür dafür, zu welcher Tageszeit, an welchen Orten und mit welchen Menschen Sie am besten lernen können.

Ich hatte einen Schüler in meinen Kursen, der sich zum Vokabellernen mit Vorliebe in die städtische Bibliothek begab, weil er bei der dortigen, ruhigen Atmosphäre wesentlich besser lernen konnte als in seinem Studentenzimmer.

Lernen Sie dann, wenn Sie sich am wohlsten fühlen, morgens, mittags oder abends je nach individuellem Schlafrhythmus. Essen Sie leichtere Kost und meiden Sie Alkohol.

Ihre Höchstleistungen erreichen Sie dann, wenn Sie sich beim Vokabellernen nicht mehr stoppen lassen. Ich meine damit, daß Sie Ablenkungen von vornherein ausschalten, indem Sie z. B. Ihr Telefon – mit Kissen verbarrikadiert – in den Schrank klemmen, während Sie Vokabeln lernen.

Teilen Sie auch den lieben Menschen Ihrer Umgebung mit, daß Sie während Ihrer täglichen Lernstunde nicht gestört werden möchten.

Sauerstoff ist wichtig. Das Gehirn braucht, wenn es intensiv arbeitet, mehr Sauerstoff als der ganze übrige Körper. Da Sie bei intensivem Lernen sowieso einen körperlichen Ausgleich brauchen, sind kleine Spaziergänge, Dauerläufe und das Schwimmen ideal. Ziehen Sie auch einmal in der Woche ein wenig lauwarmes Wasser mit einer ganz geringen Prise Salz durch die Nase (Salz kann auch weggelassen werden), damit Sie Ihre Nasenschleimhäute gegen Erkältung abhärten, denn Erkältungen stören das Lernen sehr.

Nun aber der wichtigste Punkt!

Nachdem alle äußeren Hindernisse gehandhabt worden sind, wenden wir uns dem für das Lernen so wichtigen Innenleben zu.

Besorgen Sie sich eine Kassette mit Entspannungsübungen oder mit Autogenem Training und beachten Sie einmal, wie sehr die innere Ausgeglichenheit Ihre Lernleistungen steigern kann. Doch auch ohne diese Hilfsmittel sollten Sie sich bei Ihren Lernübungen jederzeit von Ihrer feineren Intuition aus dem Inneren leiten lassen.

Wählen Sie die Lernart, die Ihnen am meisten Freude bereitet, zuerst. Dadurch werden Sie unaufhaltbar!

Wenn Sie jetzt z. B. mit Ihren Verknüpfungs-Techniken an die Grenze Ihrer Vorstellungskraft und Ihrer schöpferischen Phantasie gekommen sind, wäre es falsch, sich dazu zu zwingen weiterzumachen.

Gut Ding braucht Weile! Entspannen Sie sich einfach damit, daß Sie die nächsten Vokabeln Ihres Pensums auf 20 Papierkärtchen schreiben: Auf die Vorderseite das Fremdwort, auf die Rückseite die deutsche Bedeutung.

Jetzt nehmen Sie die Kärtchen in die Hand und sortieren die bereits gelernten Fremdworte bei Ihrem Kartenstapel nach hinten, während die für Sie noch schwierig gebliebenen Fremdworte nach vorne kommen. Wenn Sie Ihren Kärtchenstoß so einige Male durchgehen, haben Sie – durch einen Methodenwechsel – 20 weitere Vokabeln hinzugelernt.

Wenn Sie jetzt ermüden, dann gehen Sie kurz unter die Dusche und sprechen für sich dann 20 weitere Vokabeln auf einen Kassettenrekorder, eventuell mit der deutschen Bedeutung zuerst.

Legen Sie sich jetzt zur Entspannung hin und schalten Sie den Kassettenrekorder ein.

Während Sie sich die Vokabeln anhören, lesen Sie dieselben gleichzeitig im Vokabelbuch mit.

Dadurch, daß Sie mehrere Sinne – in diesem Fall Auge und Ohr – gleichzeitig benützen, steigert sich das Langzeitgedächtnis um etwa 60 bis 80 Prozent.

Diejenigen, die seit längerer Zeit nicht mehr gelernt haben, beginnen eben mit einer geringeren Vokabelanzahl (z. B. mit nur 10 bis 15 Fremdwörtern). Diese können Sie auch zweimal hintereinander auf den Kassettenrekorder aufsprechen, so daß Sie von der Wiederholung profitieren. Wechseln Sie ruhig öfter die Art und Weise des Lernens. Gerade dann, wenn Sie die intensiven Bildverknüpfungen noch nicht so beherrschen, lesen Sie einfach in diesem Buch nochmal das Kapitel »Vorstufe zum Vokabellernen«.

Mit der Zeit können Sie das Aufschreiben auf eine schwarze Wandtafel auch dadurch variieren, daß Sie sich die zu merkende Sache bildhaft vorstellen und mit großer, farbiger Schrift das Fremdwort darauf malen.

Angenommen, Sie wollen sich das italienische Wort für »Couch« einprägen, und es fällt Ihnen noch keine passende, bildhafte Verknüpfung ein, so stellen Sie sich einfach eine Couch – ganz groß und farbig – bildhaft vor und schreiben Sie gedanklich mit einem Riesen-Malstift das italienische Wort *divano* darauf.

Halten Sie jetzt diesen Bildeindruck einen Moment vor Ihrem geistigen Auge fest. Rufen Sie ihn unmittelbar danach noch einmal hervor, bevor Sie weiter lernen. Sehen Sie, genau das ist die Erlernung durch das fotografische Gedächtnis!

Ihre bildhafte Konzentration wird auf diese Weise auch besser, und Sie werden nach einigen wenigen Tagen in der Lage sein, dieses Bild 10 Sekunden lang vor Ihrem inneren Auge »tatsächlich zu sehen« und jeden einzelnen Buchstaben des Italienischwortes *divano* wieder ablesen zu können.

Diese Fähigkeit beruht auf dem einfachen Prinzip, daß Gedanken eine sehr feine, wirklich existierende Energie sind.

Selbst wenn Ihnen diese Erläuterung esoterisch vorkommt, so bleibt das Prinzip trotzdem wahr, hochinteressant und erforschenswert! Entscheidend ist, daß es funktioniert!

Zur Steigerung Ihres fotografischen Gedächtnisses empfehle ich Ihnen gerade dann, wenn Sie die letzte Schwierigkeitsstufe der in diesem Buch angegebenen Übungen nicht so schnell erreichen können, folgende, geheime Technik der tibetanischen Mönche, die das beste Erinnerungsvermögen besitzen, das vorstellbar ist:

Die interessanteste und feinstofflichste Gedankenenergie, die ein Mensch erzeugen kann, sammeln Sie unbewußt nachts im Tiefschlaf in der Mitte Ihres Kopfes. Denken Sie an die noch nicht ganz erforschten Funktionen der Zirbeldrüse und der Hypophyse! Diese sich nachts sammelnde, feinstoffliche Energie verlieren Sie morgens beim Öffnen der Augen. Achten Sie also beim Aufwachen sorgsam darauf, daß Sie Ihre Augen noch nicht öffnen, sondern geschlossen lassen. Drücken Sie mit zwei Fingern leicht auf Ihre noch geschlossenen Lider. Massieren Sie sie ein wenig mit leichtem, kreisendem Druck solange, bis Sie innerlich die Regenbogenfarben sehen. Das ist die besagte Energie.

Wenn Sie jetzt den Druck auf die Augäpfel nicht verstärken, erscheint innerlich plötzlich ein großer, gelber Ring oder eine sehr schöne, hellblaue, strahlende Farbe.

Genießen Sie dieses kleine Lichterlebnis, solange es anhält (ca. 1 Minute). Dann halten Sie die Handinnenflächen auf die geschlossenen Augen und öffnen Sie diese, so daß der Rest an Energie durch die Handflächen aufgenommen wird.

Sie werden sich danach den ganzen Tag lang frischer und ausdauernder fühlen.

Diese Übung wird Ihr fotografisches Gedächtnis in einem derart beachtlichen Ausmaß steigern, daß Sie über Ihre Fortschritte erstaunt sein werden.

Ich habe es selbst erlebt. Den Skeptikern empfehle ich folgendes: Sobald Sie den gelben Lichtstreifen innerlich sehen, öffnen Sie die Augen.

Sie werden mit geöffneten Augen – bei vollem Bewußtsein – diesen Lichtreif weiterhin vor sich sehen, an der Wand oder am Schrank, je nachdem, wohin Sie schauen.

Das ist der Beweis für diese Energie.

Oder: Stellen Sie sich einmal mit geschlossenen Augen ein Veilchen vor. Jetzt reagieren Sie ganz spontan und pflücken Sie das Veilchen.

Stellen Sie sich eine Katze vor und streicheln Sie die vorgestellte Katze.

So unwahrscheinlich es klingt, machen wir Vorstellungsbilder doch außerhalb des Kopfes!

Stellen Sie sich einfach noch ein Hochhaus vor in der Größe eines amerikanischen Wolkenkratzers, und Sie stehen einen Meter davor. Schauen Sie hinauf und beenden Sie die Übung.

Hiermit möchte ich noch einmal unterstreichen, daß ein variables Vorstellungsvermögen das A und O unserer neuen Vokabeln-Oberstufen-Technik ist.

Ihre größte Stärke ist, die verschiedenen Lerntechniken bei Bedarf jederzeit wechseln zu können.

Wir wiederholen:

Ein Bild sagt mehr als 1000 Worte

Dies gilt nicht nur für das Denken oder eine Situationsbeurteilung, sondern auch für unser Vokabellernen. Es kommt darauf an, sich einfach rasch ein Bild machen zu können, egal, welches Bild Ihnen gerade einfällt. **Jedes** Bild kann als Eselsbrücke dienen.

Ein Bild nimmt in unserem Vorstellungsvermögen drei- bis fünfmal mehr Fläche ein als ein geschriebenes oder gehörtes Wort. Stellen Sie sich bei jeder neuen Vokabel einfach ein Bild vor oder, noch besser, eine Szene oder Handlungssituation. Diese Gewohnheitsänderung sollten wir etwas üben.

Wichtig dabei ist noch zu sagen, daß Ähnlichkeitsbilder, Teilbilder und auch Ersatzbilder als Eselsbrücke genauso wirksam sind wie passende Bilder. Je flexibler Sie in Ihrem Vorstellungsvermögen werden, desto leichter und schneller können Sie auch bei den Vokabeln Bilder erschaffen, bei denen ein Ungeübter denken würde: Dafür läßt sich bestimmt kein Bild projizieren. Gerade bei den schwerer zu verbildernden Vokabeln werden Sie sich dann also mehr konzentrieren als bei den leicht in ein Bild umsetzbaren, so daß diese dann intensiv in Ihrem Langzeitgedächtnis verankert sind.

Schwierigere Vokabeln

Englisch

Mit einer kurzen Übersicht über die Menge der zu lernenden Vokabeln und die Zeitdauer, die Sie zur Verfügung haben, läßt sich rasch eine tägliche Lernmenge ermitteln.

Angenommen, Sie haben 2000 Englischvokabeln in 280 Tagen zu lernen, so schaffen Sie die Menge spielend, wenn Sie 15 bis 20 Vokabeln pro Tag lernen, plus einigen Wiederholungen.

Nachdem Sie Ihr Gedächtnis nun mit den vorhergehenden Übungen flexibler gemacht haben, starten Sie einfach mit der Verknüpfungsmethode.

Nehmen Sie zum Beispiel das englische Wort **abandon,** was soviel wie verlassen, aussetzen, aufgeben, verzichten heißt. Ich stelle mir da einfach das Bild vor, wie ich ein angebundenes Pferd abbinde und freilasse, auf es verzichte. Genauso hätte ich mir vorstellen können, wie ich ein kleines Beiboot abbinde und den Fluten übergebe. Einfach das erstbeste Beispiel nehmen! Mit der Zeit fällt Ihnen bei jedem Fremdwort sofort ein Bild ein.

Oder nehmen wir **ability:** die Fähigkeit oder Klugheit.

Sofort denke ich an einen fähigen jungen Menschen, der gerade sein Abitur gemacht hat.

Oder **absentee:** der Absender, der Fernbleibende.

Ich denke einfach an einen Briefabsender, der beim Absenden des Briefes noch einen Tee trinkt: ab-sen-tee.

Oder **absentminded:** zerstreut, geistesabwesend. Das Wort **mind** kannte ich schon, sonst hätte ich mir hier sicher Minze oder Pfefferrminztee vorgestellt, und der riecht so stark, daß der Geist davongeht und ich einschlafe. Ihnen fällt vielleicht etwas ganz anderes ein. Die Hauptsache ist, **daß** Ihnen **etwas** einfällt.

Oder **abysmal:** abgrundtief. Spontan dachte ich an ein Baby mit einem Muttermal, und die Mutter sagt, es ist abgrundtief in die Haut eingewachsen.

Oder bei dem Wort **accidental** (zufällig) sah ich mich zufällig mit dem Aktenkoffer aktenlesend beim Zahnarzt = Dentist sitzen. Verstehen Sie: Je kurioser und spontaner Ihre Vorstellung, desto leichter und schneller das Lernen. Selbstverständlich brauchen Sie einige Zeit zur Übung und Eingewöhnung, um sich mit so viel Kuriosität anzufreunden.

Ganz leicht ist auch das Wort **accord** (übereinstimmen). Ich sehe einige Musiker, die im Akkord den gleichen Ton anschlagen und sich darüber einig sind.

Auch das englische Wort für anpassen fällt mir leicht: **accomodate.** Ich sehe mich aktiv an meinem Commodore-Computer agieren und Daten eintippen.

Es ist einfach eine gewisse kindhafte Leichtigkeit des Seins notwendig. Ernsthaftigkeit und Genauigkeit eines linkshemisphärisch denkenden Erwachsenen haben auf diesem Spielfeld Zutrittsverbot. Also: In der Kinderwelt geht es, in der Erwachsenenwelt nicht. Eine gute Vorübung zur Umpolung ist mein Buch »So merke ich mir Namen und Gesichter«, ebenfalls im Delphin-Verlag erschienen. Haben Sie keine Sorge, Ihr gesunder Menschenverstand und Ihr natürliches Unterscheidungsvermögen lassen Sie nach einigem Üben jederzeit zwischen Eselsbrücke und richtigem Wort differenzieren.

Sie ahnen ja noch gar nicht, wie gut Ihr Gedächtnis mit lockerem und voll ausgebildetem Vorstellungsvermögen sein wird.

Testen Sie sich:

abandon   _____

ability   _____

absentee   _____

absentminded   _____

abysmal   _____

accidental   _____

accord   _____

accomodate   _____

Und nun umgekehrt:

verlassen, aussetzen, aufhören   _____

Fähigkeit oder Klugheit   _____

der Absender oder Fernbleibende   _____

Zerstreutheit, Geistesabwesenheit   _____

abgrundtief   _____

zufällig   _____

übereinstimnren   _____

anpassen   _____

Erinnern Sie sich noch einmal, daß Sie hier die originellste Methode des Vokabellernens vor sich haben, die es auf dem ganzen Erdball gibt. Je mehr Sie sich Lockerheit, Originalität, Phantasie und das spielende, kindhafte Vorstellungsvermögen zunutze machen, desto leichter wird die bildhafte Einprägung und desto mehr Vokabeln werden Sie immer rascher lernen und auf Dauer behalten können.

Latein

Nehmen wir **murus – die Mauer:**
Sie denken z. B.: Die Muh-Kuh küßt einen Russen an der Mauer. Wenn Sie dies als inneres Bild sehen, wird Ihnen bei Mauer sofort *murus* einfallen. Dieses Bild prägt sich dauerhafter ein als jede andere Einprägungsart.

avus – der Großvater:
Denken Sie einfach: Ah, der Großvater hat was am Fuß. Oder: Er hat einen dicken Fuß. Also *avus* – der Großvater.

corvus – der Rabe:
Denken Sie bildhaft, er erhebt seinen Körper *(cor)* in die Luft, indem er mit den Füßen *(vus)* Anlauf nimmt.

Es gibt Menschen, deren Intellekt sich gegen diese »Albernheiten« wehrt; es gibt andere, die auf diese Weise 200 Vokabeln pro Stunde ohne Anstrengung lernen. Aktive Menschen tun sich hierbei leichter. Doch auch die anderen, die leichter in Entspannung lernen, können sich diese effektive Methode aneignen, wenn sie ihre eigene intellektuelle Blockierung erst behoben haben. Rekorde besonderer Art sind hierbei leicht erreichbar. Das macht die Methode wertvoll. Also denken Sie weniger dagegen.

Fahren wir fort: **nebus – das Nest**
Sehen Sie den Raben, wie er in Menschengröße (wie in einem Zeichentrickfilm) neben Ihnen am Buseingang steht und sagt: »Nee, ich fahre nicht Bus, ich fliege in mein Nest.« Sie werden jetzt für immer wissen, daß *nebus* Nest heißt.

Nehmen Sie einfach irgendeine Ähnlichkeit, die Ihnen gerade einfällt. Das muß überhaupt keinen logischen Zusammenhang haben, aber so merken Sie sich das am besten.

cubare – liegen, schlafen
Denken Sie bildhaft: Die Kuh liegt auf der Bahre und schläft.

Oft wird die Frage gestellt, ob bei dieser Methode nicht die Gefahr besteht, viele Begriffe durcheinanderzubringen. Das ist jedoch nicht der Fall, da jede Bildverknüpfung eine geschlossene Einheit für sich ist und als solche »angezapft« und abgerufen wird.

animus – Geist, Herz, Sinn
Wir stellen uns vor, die Anni muß mal, und wenn sie so sitzt, wird ihr Geist ruhig, ihr Herz freut sich und es kommt ihr etwas Neues in den Sinn.

Jedem Menschen fällt etwas anderes ein.

Logik spielt hier keine Rolle, nur das Bild, das Ihnen spontan einfällt.

Testen Sie das Anfangsergebnis

Was heißt:

murus   _____

avus   _____

corvus   _____

nebus   _____

cubare   _____

animus   _____

Ich habe Sie bewußt zuerst das deutsche Wort raten lassen, da sich Übende anfangs zu lange mit dem Einprägen der Schreibweise aufhalten. Es machten in diesem Stadium nichts, wenn Schreibweise oder Aussprache nur ungenau gemerkt werden. Hauptsache ist, daß das Wort als solches »sitzt«. Bei einem 2. Durchgang kann man sich dann leicht auf die Einzelheiten und Feinheiten konzentrieren.

Nun noch der Gegentest

Was heißt:

Rabe   _____

Großvater   _____

Nest   _____

Mauer   _____

liegen   _____

Geist, Herz, Sinn   _____

Individuelle Spezifizierung

Holen Sie sich Ihre persönliche Motivation als klares Bild vor Ihr geistiges Auge. Intensivieren Sie dieses Bild durch häufiges Wiederholen in Entspannung. Wenn Ihr Lernziel zum Beispiel darin besteht, die italienische Sprache zu lernen, weil Ihr Freund ein Italiener ist und Sie beabsichtigen, bald zu heiraten und nach Italien umzuziehen, dann kreieren Sie Ihr individuelles Motivationsbild – ganz klar, scharf und festumrissen –, wie Sie in Italien mit ihm gern und fließend italienisch sprechen. Gestalten Sie dieses Bild mit allen Ihnen persönlich angenehmen Details. Malen Sie es bunt, sehen Sie dieses Bild in immer wieder neuen, verschiedenen, Ihnen geläufigen Varianten. Hören Sie sich deutlich sprechen, hören Sie auch, wie die anderen Ihnen gratulieren zu Ihrer Beherrschung der italienischen Sprache, und in so einer kurzen Zeit. Hören Sie insbesonderen Ihren Mann, der Ihnen lächelnd, bewundernd und liebevoll sagt, wie gut Sie seine Sprache sprechen und wie dankbar er Ihnen ist, daß Sie sich so sehr hierfür eingesetzt haben.

Und insbesondere: Empfinden Sie ein tiefes Gefühl der Freude, Ihr Ziel so gut zu bewältigen und ständige Fortschritte zu machen. Lassen Sie dieses Gefühl sich steigern. Mindern Sie es nicht durch Schatten des Zweifels, der Entmutigung! Denken Sie daran: Bei Ihrer bildhaften Imagination muß Ihr tiefes Freudegefühl Bestandteil Ihres Bildes sein. Denken Sie daran, daß *Fühlen das Gesetz ist.* Fühlen ist das Gesetz, das zusammen mit Vernunft und Willen, zusammen mit der bildhaften Imagination, die Verwirklichung Ihres Wunsches am schnellsten ermöglicht.

Das passive Lernen

Die Prüfung war ein Kinderspiel

Als ich vor einigen Jahren ein neues Gedächtnisseminar im Großraum München hielt, kam ein junger Student zu mir. Er schwenkte in der Hand eine Portion Blätter, auf denen mehrere hundert Straßennamen, Plätze, Hotels etc. von München aufgelistet waren. »Und wie soll ich das alles lernen für die Taxifahrerprüfung?« fragte er mich.

»Tja, mit bildhaften Verknüpfungen müßten Sie da schon etwas geschickter sein, als Sie es nach einem Tag Einführungs-Seminar sein können«, antwortete ich nachdenklich. »Versuchen wir es doch einfach mit dem Passiv-Lernen, das geht oft schneller. Außerdem müssen Sie das ja nur auf den Prüfungstermin hin können.«

Wir besprachen, daß er sich zunächst einmal den Stadtplan übers Bett hängen sollte. Dieser war passend zu der Einteilung seiner Auflistung von Straßennamen in sechs oder acht Bezirke eingeteilt. So konnte er sie mit bildhafter Vorstellung in wenigen Tagen auswendig im Kopf unterscheiden. Dann verblieben wir so, daß er sich alle Straßennamen pro Bezirk auf ein Tonbandgerät aufsprechen und während des Abhörens gleichzeitig auf dem Blatt mitlesen sollte. Ich war gespannt auf seine Ergebnisse.

Drei Wochen später erschien der Student in einem Oberstufenseminar und berichtete mir freudestrahlend von der bestandenen Taxifahrerprüfung. »17 Bewerber waren da, 12 haben nur bestanden, und ich war dabei«, erklärte er stolz. »Da waren alteingesessene Münchner, die sagten, ›die Straßen von München kenne ich‹ und trotzdem nicht bestanden.«

Ich forschte sofort nach, wie der Student weiter vorgegangen war. Er berichtete:»Ich habe nach zwei Stunden alle Straßen,

Plätze und Hotels auf Tonband aufgesprochen. Alle acht Bezirke. Dann habe ich mich einfach jeden Tag zwei Stunden früher »schlafen gelegt«, mich entspannt, das Tonband eingeschaltet und beim Klang meiner eigenen Stimme die Blätter mitgelesen. Jedesmal, wenn eine neue Bezirkseinteilung kam, schaute ich kurz auf die an der Wand hängende Karte hoch und ließ mich berieseln, während ich mit den Augen den Zeilen folgte.

Die letzten vier Tage vor der Prüfung habe ich die ganze Prozedur morgens noch einmal gemacht. Und am Tag der Prüfung habe ich mich gut ausgeruht und bin Paddelboot gefahren, wie Sie es im Seminar empfohlen haben. Hurra, ich habe bestanden – und dies, obwohl ich kein besonders guter Lerner bin.«

Fazit: Wandeln Sie das Beispiel des fröhlichen Taxifahrer-Studenten auf eine Lernsituation in Ihrem täglichen Aufgabenbereich um.

Sie können auf Band nicht nur Vokabeln, sondern grundsätzlich alles aufsprechen: Formeln, Mathematik, eine Rede, Argumente und wichtiges Gelesenes.

Achten Sie bei Texten darauf, vorher alle Fremdwörter mit einem Filzstift anzustreichen und dann diese Fremdwörter im Lexikon nachzuschlagen. Jetzt sprechen Sie sich die Fremdwörter mit der erklärenden Bedeutung zuerst alle auf Band. Das ist wie ein vorangehendes Vokabellernen. Und dann erst sprechen Sie sich den Text auf.

So können Sie alles lückenlos verstehen und deshalb wesentlich leichter und einprägsamer lernen, als wenn Sie es aufgrund der unverstandenen Fremdwörter nicht recht begreifen würden.

Unterschätzen Sie diesen Punkt nicht.

> *Verstehen ist wichtiger als Wissen. Verstehen ist Voraussetzung zum Anwenden.*

Die Tiefenspeicherwirkung

Max hatte Interesse an Sprachen. Schon die ersten Sprachstunden in der Schule verglich er mit einer Entdeckungsreise in fremde Kulturen.

Er hatte einen Funken von Heinrich Schliemann, dem Wiederentdecker Trojas, an sich.

Durch den Klang einer fremden Sprache fühlte er sich sofort in die dortige Kultur versetzt. Ja, er träumte dann nachts von anderen Zeiten und Ländern und von fremdländischen Sprachklängen.

Diese Geistes- und Gemütshaltung machte es ihm leicht, sich *gefühlsmäßig* in eine andere Sprache einzuleben, einzufühlen, ja förmlich »darin mit der Seele zu atmen«, wie er selbst sagte.

Fazit: Lernen Sie aus diesem Beispiel das Maximale. Finden Sie Interessantes an der Kultur und an den Sitten des fremden Landes.

Versetzen Sie sich gedanklich vor dem Einschlafen – und wann immer es Ihnen möglich ist – durch Ihre bildhafte Vorstellungskraft oder auch durch einen Film oder mittels eines Buches in die historischen Plätze und Ereignisse des Landes.

Dringen Sie so neutral und gefühlsmäßig immer ein Stückchen weiter in den Volkscharakter ein. »*Saugen Sie*« innerlich *am Flair der Sprache*. Nehmen Sie es im Traum in sich auf.

Sollte Ihnen das nicht gleich gelingen, so hören Sie sich eine Woche lang vor dem Einschlafen die Nationalhymne des entsprechenden Landes an. Studieren Sie auch den Text der Nationalhymne tagsüber im Original und in der deutschen Übersetzung.

Schauen Sie sich Bücher, Filme, Dias über das Land an. Sie werden feststellen, daß Sie die Sprache wesentlich leichter lernen, mehr behalten, sich leichter in viele Aussprachebesonderheiten hineinversetzen bzw. diese nachahmen können.

Tun Sie das locker und ohne Leistungsdruck.

So macht das Sprachenlernen Freude.

Inzwischen hatte Max auch einige interessante Entdeckungen in seinem ganz persönlich-privaten Lernbereich gemacht. Er studierte täglich eine Stunde sein Französisch und fühlte sich dabei ganz zwischen Louvre, Eiffelturm und der Seine-Brücke eingebettet. Manchmal dachte er auch daran, seine ersten Sprachkenntnisse bei einem Kurzurlaub an der Côte d'Azur oder in der Provinz bei den Weinbauern oder in Auslandskursen zu testen.

Allein das Vorstellungsbild, bald in das ersehnte Land zu fahren, gab ihm mehr Interesse, Ausdauer und Durchhaltevermögen beim täglichen Vokabellernen.

Er erinnerte sich dabei an eine Sprachlehrerin, die der Klasse berichtete, daß sie einmal eine Gruppe zu unterrichten hatte, die drei Wochen später einen Frankreichurlaub fest geplant hatte. Mit dieser Gruppe konnte sie die besten und raschesten Erfolge verzeichnen, weil die Vorstellung, das Gelernte in Kürze anwenden zu können, auf die einzelnen Teilnehmer so motivierend wirkte, daß alle sehr interessiert und fleißig mitarbeiteten.

Fazit: Planen Sie mit viel Phantasie einige naheliegende Anwendungsziele Ihrer Sprachkenntnis ein, vor allem solche, die sich leicht, schnell, ohne viel Geldaufwand und mit so viel Zeit wie möglich realisieren lassen.

Danach motivieren Sie sich auch über Fernziele und über die wachsende Verbesserung Ihrer Lernfähigkeiten und einen kombinatorischen Einsatz einer Vielzahl von Lernerkenntnissen.

Aktivierung des Gelernten

Max lernte pro Tag immer eine Stunde lang französische Vokabeln und kleine Redewendungen.

Um leichter mit seinem Wortschatz umgehen zu können, versuchte er – sobald er vier, sieben oder zehn Vokabeln gelernt hatte –, diese in irgendeinem Zusammenhang zu bringen bzw. kleine Sätze zu bilden.

So aktivierte er seine Vokabeln und konnte wesentlich schneller als die anderen Schüler kleine Sätze bilden.

Dies weckte auch sein Interesse für die ersten grammatikalischen Regeln.

Das Lernen mit Tonträgern

Lange haben Lernforscher und Pädagogen danach gesucht, Lernen zu vereinfachen und allgemein bequemer zu gestalten. Dies ist auch gelungen. Sie können nun stufenweise Methoden des leichten, passiven Lernens praktizieren.

Das Lernen mit dem Gehör fällt gefühlsbetonten Menschen wesentlich leichter. Sie kommen auch schneller in das akustische Lernen hinein.
Willensbetonte Menschen *lernen* dagegen *leichter mit dem Auge*. Sie müssen Lerninhalte geschrieben sehen oder sich diese in der Praxis vorstellen können.

Das Lernen mit dem Kassettenrekorder oder Tonbandgerät kann mit den bekanntesten Entspannungsmethoden sehr gut gekoppelt werden, z. B. mit Autogenem Training (sehr gut dafür geeignet), mit der Muskelentspannung nach Jacobsen (sehr einfach und in wenigen Stunden erlernbar) sowie mit Entspannen mit Musikunterstützung (je nach Geschmack), mit Yoga (benötigt etwas Zeit und Veranlagung dafür), mit Entspannen mit Bildimagination (Resultate nach 1 bis 2 Stunden) und mit anderen Techniken.

Gerade für Manager ist dies eine sehr zeitsparende Methode, da sie eine Koppelung von Entspannung und Lernzeit ermöglicht. Ein weiterer großer Pluspunkt, den Sie bei diesem Lerntraining feststellen können, ist, daß Sie in Entspannung weniger Lernstörungen und ein viel leichteres Auffassungs- und Kombinationsvermögen bei sich entdecken werden.

Überhaupt liegt das **Lernen in Entspannung** auf einer Linie mit Kreativität, Spontaneität, Intuition, Kunst, Musik, Traumsteuerung und Erholung. Am besten funktioniert es im Urlaub, wenn

Sie ohne Zeitdruck – und etwas absichtslos gelassen – aus eigenem Interesse. lernen.

Doch diesen vorausgeplanten Idealfall haben wir in der Praxis selten.

Die besten Resultate mit Lernkursen dieser Art haben wir bei einem langsamen, stufenweisen Einstieg, so daß sich unser Innenleben und auch unser Unterbewußtsein schrittweise daran gewöhnen können.

Die Entspannung ist überhaupt ein wichtiger Faktor auf diesem Lerngebiet. Sie erreichen beim Lernen bessere Resultate, wenn Sie nach jeder Viertelstunde Lernen eine kleine Pause von 1 bis 2 Minuten einschalten.

Diese kurze Zeit reicht aus, um ein wenig zu entspannen und doch gedanklich nicht allzuweit vom Lernstoff abzuschweifen.

Einige Beispiele aus der täglichen Praxis meiner Kurse zeigen klar die Vorteile der Entspannung.

Viele Sprachkurse werden z. B. abends besucht, Dauer ca. 90 Minuten, einmal wöchentlich. Doch oft ist der behandelte Inhalt eine Woche später vergessen, sofern in der Zwischenzeit keine Heimarbeit oder keine Auffrischung des Stoffes vorgenommen wurde.

Der Hauptgrund für dieses Vergessen liegt darin, daß unmittelbar nach dem Sprachkurs viele andere Eindrücke aufgenommen werden.

Nach dem Unterricht redet man mit Bekannten, hört die Straßenbahn vorbeirattern und begibt sich aus dem Unterrichtsraum heraus. Dadurch bleibt keine Zeit, daß der gehörte Lernstoff etwas verarbeitet werden könnte. Die Aufnahme ist oberflächlich.

Einige fortschrittliche Sprachlehrer hatten mit folgender Methode sehr gute Resultate:

Es werden nur 80 Minuten Sprachkurs abgehalten. Die verbleibenden 10 Minuten legt der Sprachlehrer eine gute Entspannungskassette in den Rekorder und spielt sie ab. Die vom Tagesablauf schon etwas beanspruchten Kursteilnehmer entspannen sich sehr rasch.

Der Inhalt des Sprachkurses dringt in tiefere Bereiche der Persönlichkeit, in Richtung Unterbewußtsein und Langzeitspeicher.

Es erfolgt keine sofortige Umschaltung wie bei einem gewöhnlichen Ende des Unterrichts, sondern es ist ein entspanntes Verweilen auf der Wellenlänge der letzten 80 Minuten gewährleistet, wodurch auch ein Einordnen und Anpassen des Stoffes an bisher Gewußtes – bewußt und unbewußt – geschehen kann. Das Resultat ist verblüffend. Wir haben Erfolgsquoten von bis zu 30% mehr Erinnerung festgestellt.

Die Resultate sind *individuell sehr unterschiedlich* und von Persönlichkeitsstruktur und Lerntyp des einzelnen abhängig. Dieser Effekt wirkte sich auch auf anderen Gebieten vorteilhaft aus.

Ein Abituranwärter aus unseren Kursen legt sich – wenn er länger als eine Stunde Mathematik gepaukt hat – für 20 Minuten mit dem Wecker schlafen und erspart sich dadurch Wiederholungen. Gleichzeitig hat er eine bessere Verarbeitung von Mathematik festgestellt. Es kommt darauf an, *länger auf dieser Wellenlänge zu verweilen.*

Dies stellt eine wesentliche Konzentrationsverbesserung dar. An dem Lernen in Entspannung und am Vorschlaf-Stadium ist also mehr dran, als bis jetzt erforscht und bekannt ist.

Ähnliche Erfahrungen könne Sie bei einem Zwei-Tages-Kurs am Wochenende machen. Wenn Sie nach dem ersten Kurstag nicht genügend ausgeschlafen haben, ist das Resultat am 2. Kurstag stark beeinträchtigt.

Neben anderen Faktoren braucht eine längere Lernzeit als ein Kurstag einfach Zeit, damit das neue Lernmaterial im Schlaf verarbeitet und dem bisherigen Wissen der Person angegliedert werden kann.

Wir alle kennen den Spruch vom Schulbuch unter dem Kopfkissen. Und hier können wir mit dem Training beginnen:

Lernen beim Einschlafen

1. Woche: *Für den ersten Abend* 10 Vokabeln (zweimal auf Band gesprochen) vor dem Einschlafen anhören. An den folgenden zwei bis drei Abenden jeweils weitere 10 Vokabeln vor dem Einschlafen neu aufsprechen und wieder anhören.

Wer diese Vokabeln beherrscht, spricht sich für die danach folgenden *zwei Abende* 15 bis 20 Vokabeln auf eine Kassette auf.

Lernt man die Vokabeln gut in der kurzen Zeit abends, kann man die Menge der Vokabeln individuell aufstocken.

Sie können sich auch sofort nach dem Aufwachen die Vokabeln anhören. Oder Sie kaufen sich einen Timer (eine Zeitschaltuhr). Sie stellen ihn auf die gewünschte Zeit ein und lassen sich mit Vokabeln aufwecken. *Überprüfen Sie,* ob Sie die Vokabeln gut auswendig können, testen Sie sich jeweils an dem auf den Abend folgenden Tag, indem Sie jeweils die eine Seite (z. B. Englisch) mit einem Blatt zuhalten. Und schreiben Sie die Worte entsprechend der deutschen Bedeutung aufs Blatt.

2. Woche: Mit Suggestionsformeln und/oder Musik führen Sie die erste Woche fort. Die Formeln bzw. Musik nehmen Sie, bevor Sie jeweils die Vokabeln aufsprechen, auf Band auf. Es geht darum , das Unterbewußtsein einzustimmen.

Benützen Sie zum Beispiel die Formeln:

»Ich lerne gern«, »Das Experimentieren mit neuen Lernmethoden macht mir Freude«, »Meine Lernfreude steigert sich zur Begeisterung« etc.

Stellen Sie sich *eigene* Formeln zusammen!

3. Woche: Nehmen Sie Suggestionsformeln oder Einschlafmusik auf Band auf. Lassen Sie nun 10 Minuten das Band, ohne etwas aufzunehmen, leer durchlaufen (Ruhepause). Nun sprechen Sie 10, 15, 20, 30 oder gar 40 Vokabeln, je nachdem wie weit Sie in den zwei Wochen aufgestockt haben. auf Band. Bis zu 30 Minuten könne Sie in der Einschlafphase lernen. Schüler können dies oft bis zu einer Stunde praktizieren, ohne an Schlafmangel zu leiden.

Die neue Masche

Das absichtslose Lernen

Die Entdeckung des absichtslosen Lernens kam so zustande:
Eine Dame im Großraum München besuchte einen Gedächtniskurs, in dem ich die Lernmethode des Passiv-Lernens (siehe das Beispiel »Taxifahrer«) erwähnte.

Beim Nachhausekommen stöhnte ihre Tochter: »Oh, jetzt müssen wir auch noch Latein lernen. Wie lerne ich nur die vielen Lateinvokabeln?«»Latein lernst du?« sagte die Mutter. »Gib mir doch mal für einen Tag dein Lateinbuch. Das interessiert mich.«

Um die Passiv-Lernmethode auszuprobieren, sprach die Mutter sich die Vokabeln der ersten Lektion auf Kassette. Die Tochter ging etwas früher schlafen als die Mutter; beide schliefen im selben Raum. Als die Mutter für sich den Kassettenrekorder leise einschaltete, um beim Einschlafen die Passiv-Lernmethode mit Lateinvokabeln auszuprobieren, bekam die Tochter noch etwas mit. Sie drehte sich herum und sagte noch: »Ah, du lernst Lateinvokabeln«, schlief dann aber weiter.

Der Knall-Effekt für die Tochter kam am nächsten Morgen in der Schule. Die Lateinvokabeln wurden durchgenommen, und die Tochter brauchte die Vokabeln anderntags nur noch einmal zur Bewußtwerdung zu hören, um sie dann sofort und bleibend zu können.

Experiment

Sprechen Sie sich einmal 20 bis 30 Vokabeln mit der deutschen Bedeutung auf Kassette. Lassen Sie die Kassette während der Einschlafphase abspielen. Sorgen Sie dafür, daß sich der Rekorder anschließend von selbst abschaltet, so daß Sie gleich danach von der Einschlaf- in die Weiterschlafphase sinken können. Lassen Sie die Kassette beim Aufwachen oder während Ihrer Morgentoilette vor dem Spiegel nebenher laufen. Sie werden überrascht sein, wie leicht Sie diese Vokabeln lernen.

Prüfung im Schlaf bestanden

Auf einem Treffen des Münchener Dr.-Murphy-Vereins erzählte ein Heilpraktiker ausgefallene Lernerlebnisse. So hatte er auf seine Heilpraktikerprüfung z. B. die 80 Infektionskrankheiten lernen müssen. Diese ausführliche Darstellung von 80 Krankheitsbildern, die der HP-Anwärter dann auch noch differentialdiagnostisch unterscheiden sollte, beschäftigt die Prüfungsanwärter meist mehrere Monate, wenn nicht ein ganzes Jahr lang. Es ist ja auch nicht ganz leicht, ein »Ersatz-Arzt« zu werden, ohne eine Gefahr für die Volksgesundheit darzustellen.

Nun, unser cleverer Heilpraktikeranwärter hatte sich auch ausgiebig mit den 80 Infektionskrankheiten und deren Beschreibung auseinandergesetzt. Bei dem Problem, dies alles in Erinnerung zu behalten, kam er auf eine Idee, die er so schilderte:»Ich reduzierte das Terrain der Infektionskrankheiten auf ein Minimum, so daß ich es in genau 68 Minuten auf ein Tonband sprechen konnte. Dieses Tonbandgerät lief eine Woche lang.« Immer. Bei Tag und bei Nacht, wie er sagte. Selbst, wenn er sich ein Brot strich, hörte er sich im Hintergrund die Infektionskrankheiten aufsagen.

Er ging optimistisch in die Prüfung hinein und konnte sich an alle Infektionskrankheiten lückenlos und bestens erinnern.

Dies ist natürlich ein Extrem. Doch was tut man nicht alles, um gut in einer Prüfung zu sein.

Erweitern Sie Ihre Sprachkenntnisse

Fertigen Sie einmal eine sinnvolle Entspannungs-Lernkassette selbst an. Nehmen Sie eine Leerkassette und sprechen Sie sich deutlich und langsam die nachfolgenden unregelmäßigen Verben auf diese Kassette auf.

to awake	awoke	awoke	auf-, erwachen
to bear	bore	born(e)	(er)tragen, gebären
to beat	beat	beaten	schlagen
to become	became	become	werden
to begin	began	begun	beginnen, anfangen
to bend	bent	bent	(sich) beugen, biegen
to bid	bade	bidden	heißen, gebieten
to bind	bound	bound	binden
to bite	bit	bitten	beißen
to blow	blew	blown	blasen
to break	broke	broken	brechen
to breed	bred	bred	brüten; züchten; erziehen
to bring	brought	brought	(her)bringen
to build	built	built	bauen
to burn	burnt	burnt	brennen
to burst	burst	burst	bersten, brechen
to buy	bought	bought	kaufen
to cast	cast	cast	werfen
to catch	caught	caught	fangen [suchen
to choose	chose	chosen	wählen, (sich) aus-
to come	came	come	kommen
to cost	cost	cost	kosten
to creep	crept	crept	kriechen

to cut	cut	cut	schneiden
to deal	dealt	dealt	handeln
to dig	dug	dug	(um)graben
to do	did	done	tun
to draw	drew	drawn	ziehen, zeichnen
to dream	dreamt	dreamt	träumen
to drink	drank	drunk	trinken
to drive	drove	driven	treiben, fahren
to eat	ate	eaten	essen
to fall	fell	fallen	fallen
to feed	fed	fed	füttern
to feel	felt	felt	(sich) fühlen
to fight	fought	fought	(be)kämpfen

Es ist sehr sinnvoll, sich diese unregelmäßigen englischen Verben sehr gut einzuprägen, da Sie diese beim Gebrauch der englischen Sprache ständig wieder verwenden werden.

Dadurch, daß Sie die Verben mit der eigenen Stimme aufgesprochen haben, gewöhnt sich Ihr Unterbewußtsein rascher daran, sie aufzunehmen, da die eigene Stimme leichter akzeptiert wird als eine fremde.

Selbstverständlich dient jedes Arbeiten mit diesen unregelmäßigen Verben der Einprägung. So ist das Auf-Band-Sprechen natürlich auch eine Lernvorbereitung.

Jetzt üben Sie bitte wie folgt:

Setzen oder legen Sie sich in ruhiger Atmosphäre bequem hin und entspannen Sie sich. Nach Einübung des Autogenen Trainings erreichen Sie (wie allgemein bekannt) das gewünschte Entspannungsergebnis nach wenigen Minuten. Dies ist erstrebenswert. Für alle, die das Autogene Training nicht erlernt haben, gebe ich hier eine andere Technik bekannt, die den lernfördernden Entspannungszustand mit wenig Übungsaufwand in kürzerer Zeit hervorruft. Alle Entspannungsmethoden verbessern die Einschlaffähigkeit und gleichzeitig die Schlaftiefe, was wiederum intensiven Lernphasen sehr zugute kommt.

Übung: Nachdem Sie es sich bequem gemacht haben, beobachten Sie einfach einmal Ihren Atem, ohne ihn willentlich beeinflussen zu wollen.

Wenn Sie als stiller Beobachter dem Atem einfach zuschauen und ihn in seinem Rhythmus strömen lassen, so haben Sie die *natürlichste* Bewußtseinsentspannungs- und Vertiefungsmethode vor sich. Durch die reine Atembeobachtung tritt mit der Zeit ein ganz besonderes Phänomen ein: Ihr Atem wird ganz von selbst langsamer, ohne daß Sie das geringste dazu tun müssen. So ist es natürlich und gesund.

Dieses Langsamerwerden äußert sich durch eine gedehntere und langgezogenere Ein- und Ausatmung sowie auch durch längere Zwischenpausen vor der Umschaltung auf das Gegenteil: Also von der Ein- auf die Ausatmung. Genießen Sie die dadurch entstehende Ruhe! Lassen Sie sich von diesem angenehmen Rhythmus zu den Quellen Ihres eigenen Bewußtseins tragen. Ihre Seinswahrnehmung vertieft sich. Ihr Bewußtsein wird feiner. Ihr Sprachgefühl sensibilisiert sich. Ihre intuitive Menschenkenntnis wächst bis zu einem solchen Ausmaß, daß Sie die Gedanken und Intuitionen anderer Mitmenschen erfühlen und erspüren können. Tauchen Sie mit der Zeit ruhig tiefer ein. Dies erleichtert Ihr Lernen künftig mehr und mehr.

Unterstützen Sie das Erlebnis tiefster Ruhe imaginativ auf Ihre eigene, persönliche Art: Sie können sich z. B. eine Schaukel vorstellen, mit der Sie bei der Einatmung aus dem Körper herausschwingen. Mit der Verlängerung und Vertiefung des Atems verlängert und verlangsamt sich eben auch die Schaukelbewegung. Übergroße Genauigkeit ist nicht erforderlich und würde die tiefe Ruhe nur in eine intensive Konzentration umwandeln.

Oder wählen Sie ein Freizeit- und Urlaubsbild: Träumen Sie sich gedanklich an einen weißen oder goldgelben Meeresstrand. Die Sonne scheint Ihnen ins Gesicht, und der Himmel ist strahlend blau. Mit dem Einatmen verbinden Sie das Heranrauschen der Meereswellen auf den Strand, und mit dem Ausatmen fließen die Meerewellen wieder zurück. Fühlen Sie sich ganz wohl und geborgen dabei, wie in einer warmen, weichen Schale.

Es ist Ihnen so, als ob Sie sich innerlich zulächeln würden. Wenn Sie diesen erquickenden Zustand einmal erreicht haben, so verweilen Sie darin, solange Sie können. Dazu müßten Sie natürlich von Anfang an genügend Zeit einplanen.

Sollten Sie anfangs dabei einschlafen, so ist dies nicht weiter schlimm. Machen Sie aber keine Gewohnheit daraus! Das Fernziel ist, den Körper ruhen oder schlafen zu lassen und Ihr Bewußtsein in einem sehr wachen, sehr bewußten Zustand zu halten. Wenn Ihr Bewußtsein – wie während des Schlafs – nicht mit den Funktionen und Ablenkungen des Körpers beschäftigt ist, so ist es wirksamer, wacher, aufnahmefähiger, intelligenter. Dieser Zustand ist als sogenannter Alpha-Zustand meßbar und damit nachgewiesen.

Tiefere Bewußtseinszustände (eigentlich müßte es »höhere« heißen) werden mit weiteren Buchstaben des griechischen Alphabets bezeichnet und reichen – nach einem langen Meditationstraining – bis zur Schmerzunempfindlichkeit. Der Geist ist dann weniger an den Körper gebunden und schweift freier umher. Durch die Atembeobachtung nähern wir uns früher oder später dem Zustand der Murmeltiere im Winterschlaf an, die in diesem Ruhezustand eine geringere Atem-, Herz- und Pulsfrequenz aufweisen.

Ich erkläre Ihnen diese Dinge nur, um Sie durch die Vorstellung weiterer Erfolge zu einem längeren und ausdauernderem Üben zu motivieren. Diese Übung ist simpel und einfach.

Auch Mahatma Gandhi, der mit seiner gewaltigen Geisteskraft seinem Land zur Befreiung von der Vorherrschaft der Engländer verhalf, erreichte solche Zustände bis zur Schmerzunempfindlichkeit. Beobachten Sie einmal den Atemrhythmus eines Menschen, der tief schläft. Die Atemzüge sind sehr langsam, lang und ausgedehnt. Die Zwischenpausen sind ebenfalls länger.

Das ist genau das, was wir heute in unserem hektischen, betriebsamen und zu sehr nach außen gerichteten Weltgeschehen als gesunden Ausgleich wieder benötigen.

Sie verlängern auch Ihre Lebensdauer mit solchen Übungen.

Yogananda beschreibt dies in seinem sehr empfehlenswerten Buch *Autobiographie eines Yogis* genauer als Vorstufe des sogenannten Kriya-Yogas, welches schon nach kurzer Zeit des Praktizierens Ihre Lern- und Geistesleistungen gewaltig verbessern kann.

Nun aber zurück zu unseren Vokabeln.

Im Entspannungszustand schalten Sie nun einfach Ihren Kassettenrekorder ein und hören sich die aufgenommen unregelmäßigen Verben an. Diese können Sie so aufsprechen, daß Sie zuerst die deutsche und dann die englische Bedeutung – langsam, klar und deutlich – nennen.

Während Sie sich im entspannten Zustand von Ihrer eigenen Stimme berieseln lassen, lesen Sie in den anfänglich leichteren (weniger tiefen) Entspannungsstadien die unregelmäßigen Verben in diesem Buch gleichzeitig mit. So prägen Sie sich nicht nur die genaue Schreibweise besser ein, sondern Sie nehmen über zwei Sinneskanäle gleichzeitig wahr, wodurch sich Ihre Lernleistung mehr als verdoppelt und vor allem Ihr Langzeitgedächtnis maximal wächst. Dies ist das kombinierte Lernen mit zwei Sinneskanälen gleichzeitig.

In den von Ihnen später erreichbaren, noch tieferen Entspannungsstadien hören Sie sich die Kassette ohne das Mitlesen im Buch an und behalten die Augen geschlossen.

Um den Entspannungszustand besser beibehalten zu können und während Sie die Worte der englischen Sprache hören (die Sie betont langsam und ruhig auf Band gesprochen haben), stellen Sie sich die Fremdwörter innerlich, klar und deutlich selbstgeschrieben, vor.

Kombinieren und vergleichen Sie hier bitte mit dem Kapitel aus »Werden Sie unaufhaltbar«, dem aktiven Lernensteil in diesem Buch. Die Verbindung beider Lernmethoden –des aktiven Lernens mit den Augen und des passiven Lernens über das Ohr – verbessert in tiefer Entspannung sowohl das Funktionieren der einen Methode als auch das Erfolgsziel der anderen Methode.

Und gerade dadurch, daß Sie jetzt die Ergebnisse von Auge, Ohr und Tiefenentspannung kombinieren, bringt Sie dies einige Treppenstufen höher in Ihrer gesamten Lernleistung und natürlich auch in der Entwicklung Ihrer angrenzenden geistigen Fähigkeiten wie Kreativität, Intuition, Sensibilität, Feingefühl, Willenskraft, Denker- und Erfindergabe. Und Einsicht!

Zur Erreichung solcher Optimalergebnisse, die das attraktive Ziel dieses Buches durch Hinzufügung eines zweiten, höheren Ziels übersteigen, ist eine harmonische Lebensführung förderlich.

Dieses höhere Ziel ist die Spitze der Maslow'schen Bedürfnispyramide der Selbstverwirklichung, der Erschaffung Ihrer selbst: »Ich bin der ich bin, und ich weiß, daß ich bin«, und auch »Ich denke, folglich bin ich« nach Descartes.

Also, eifern Sie niemandem nach, sondern seien Sie einfach Sie selbst. Jeder Mensch verbessert sich in seiner eigenen Art, in der Verwirklichung seiner eigenen Gedanken und Ideen, auf seine ganz individuelle Art und Weise am besten.

Genauso wie der Verkäufer zunächst immer sich selbst verkaufen muß, so geht jeder Mensch von sich aus.

Und wenn Sie Verkäufer sind, dann sagen Sie sich:»Ich verkaufe, also bin ich«.

Das Sein ist die Grundlage für erfolgreiches Tun, und es ist ein klein wenig wichtiger als das Tun (hier»Sprachen lernen«). Und durch erfolgreiches Tun erreichen Sie das Haben (also die Verwirklichung Ihrer Wünsche, den Wohlstand usw.).

Doch zurück von unserem kleinen philosophischen Exkurs zum Lernen der unregelmäßigen Verben.

Sie werden feststellen, daß Sie nach einigen Tagen Übung und Wiederholung die Hälfte oder zwei Drittel der Verben beherrschen. Personen, die aus der Gewohnheit des regelmäßigen, lebenslangen Lernens und sich Weiterbildens etwas heraus sind (nach einer IBM-Studie verlernt der durchschnittliche Erwachsene das Lernen schon innerhalb von 4 Jahren), können sich für das Einprägen der unregelmäßigen Verben auch einige Wochen Zeit lassen, bis sie sich dann doch wieder ans Lernen gewöhnen und durch Erwerb der in diesem Buch geschilderten Fähigkeiten in kürzerer Zeit mehr Lernstoff denn je aufnehmen und gedanklich verarbeiten. Hierzu sind auch das Verstehen und die eigene Einschätzung des Gelernten (z. B. nach Wichtigkeiten und in bezug auf ein Ziel) grundlegende Voraussetzung.

Die Amerikaner haben es inzwischen nachgewiesen: Die Intelligenz ist lernbar, trainierbar und steigerbar.

Wohlgemerkt: nur die bereits vorhandene Intelligenz!

Deswegen geht das Wachstum der Intelligenz bei einigen wenigen Menschen recht schnell und bei vielen anderen wieder langsamer. Zum Ausklang dieser Übung kreuzen Sie sich dann einfach die Verben an, die Sie noch nicht perfekt beherrschen.

Sprechen Sie sich dieses nun auf eine neue Kassette, und – wenn es wenige sind – sprechen Sie sich einfach 20 weitere Vokabeln aus einem Buch noch zusätzlich auf.

Viel Erfolg damit!

Ausblick

Machen Sie das Optimum aus sich selbst und aus Ihren Sprachstudien

Erfolg ist lernbar. Egal, ob er in kleinen oder großen Schritten produziert wird.

Schreiben Sie Ihre Erkenntnisse in ein Tagebuch.

Alle Erkenntnisse, die Sie mit sich selbst beim Lernen haben, sind die Grundlage, um in Zukunft mit weniger Aufwand mehr lernen zu können.

Arbeiten Sie an Ihren Stärken und Schwächen wie an einem rauhen Felsen (siehe Aktiv-Passiv-Eigenschaften), der bildhauerisch zur Statue bzw. zum Kunstwerk gestaltet wird. Die Anschaffung des Buches ist Ihr Vorteil. Ihre Mitarbeit bringt Sie weiter.

Lernen entwickelt sich durch »Bewegung« zum Höchstmaß

Je mehr Bewegung«, desto mehr Lernchancen. Deswegen ist Erfahrung als die Summe von vielen ausgewerteten Bewegungen so kostbar.

Fazit: Tun Sie etwas. Tauschen Sie Ihre neuen Erkenntnisse und Fertigkeiten mit sympathischen Personen in Ihrer Umgebung aus. Ihr Wissen wird dadurch auch für Sie von neuen Blickpunkten aus beleuchtet. Sprechen Sie mit interessierten Menschen. Bleiben Sie selbst interessiert. Die Summe der Anwendungs-, Steigerungs- und Übertragungsmöglichkeiten wird sich automatisch erhöhen.

Ihre Chancen wachsen erst langsam und dann schneller und

stetiger. Kombinationen tun sich auf. Das Leben wird allgemein interessanter. Ihr Selbstvertrauen wächst. Vielleicht planen Sie einmal einen Auslandsurlaub, um Ihre Sprachkenntnisse an Ort und Stelle noch gekonnter zu verbessern. Selbstentfaltung macht um so mehr Spaß, je mehr Sie sich schon entfaltet haben. Sprachen und Vokabeln lernen sind oft nur der Anfang.

Bieten Sie den Menschen in Ihrer Umgebung Nutzen

Ein Mensch wird in dem Maß wertvoller, wie er anderen Menschen helfen kann. Sicher treffen Sie, z. B. bei einem Sprachkurs, andere Menschen, die auch Sprachen lernen wollen. Diese Menschen und auch Ihre Freunde werden für die Tips, die Sie durch Studium, Übung und Anwendung dieses Buches gewonnen und vertieft haben, sehr dankbar sein.

Helfen Sie! Geben Sie Tips und Anregungen weiter. Lassen Sie so viel Positives wie möglich nach außen fließen – und Positives wird zurückströmen.

Machen Sie sich nützlich. Konstruktives zu tun hebt die Stimmung beachtlich. Gehobene Stimmung verhilft zu leichterem Lernen und zu besseren Gesprächen mit den Menschen Ihrer Umgebung.

Vom Hobby zum Taschengeld

Machen Sie sich mit den Prinzipien dieses Buches noch etwas vertrauter. Sammeln Sie etwas Erfahrung durch praktische Anwendung und geben Sie *netten* Menschen einmal eine Privatstunde. Das können Sie anfangs umsonst und aus reiner Sympathie machen. Das hat den Vorteil, daß Sie sich dann die »Schüler« aussuchen können, deren Unterrichtung Ihnen Spaß macht und bei deren Unterrichtung Sie selbst auch noch etwas lernen können. Das ist »Lernen durch Lehren«.

Sobald Sie darin etwas Fertigkeit gewonnen haben und es sich mit Ihrem Terminkalender (den Sie bald benötigen werden) verträgt, können Sie freiwillige Spenden oder ein festgesetztes Honorar entgegennehmen.

In unserer Welt funktioniert vieles durch Austausch. Geben und Nehmen in harmonisch wechselndem Gleichgewicht stärkt die Moral. Mit welchem Honorar Sie beginnen, hängt von der Einschätzung Ihres Wissens ab. Anfangs nehmen Sie lieber etwas weniger und bei genügender »Kundenzahl« etwas mehr. So machen Sie mehr aus sich selbst. Erfolg wird greifbar. Kleine Schritte sind am Anfang nötig. Beharrlichkeit ist wichtig. Ziehen Sie nach und nach Ihren Eigenwert hoch. Dadurch, daß Sie anderen Menschen Nutzen bringen, läßt sich das vertreten. Viele Menschen trachten danach, mehr zu ernten, als sie aussäen. Säen Sie mehr als Sie ernten und Sie werden sich besser fühlen. Schöpfen Sie die Informationen dieses Buches noch weiter aus. Motivieren Sie sich dauerhaft selbst. Kontrollieren Sie den Austausch. Achten Sie darauf, daß Sie für Ihre Bemühungen Ihren Lohn erhalten. Und liefern Sie trotzdem mehr. Werden Sie dabei kompetenter und kompetenter.

Ein geregelter Austausch bewahrt die »Gesundheit« und das Gleichgewicht der ganzen Angelegenheit.

Je mehr Sie Ihr positives Wissen weitergeben, desto mehr kommt von den Menschen zurück (und wenn es anfangs nur Bestätigungen sind!).

Ich habe dies selbst praktiziert. Je mehr Sie liefern, desto mehr kann zurückkommen.

Das ideale Gleichgewicht ist, daß Sie genauso viel Information wieder hereinbekommen, wie Sie Information ausgeströmt haben. Anfangs werden Sie etwas mehr ausströmen müssen, um überhaupt einen Rückfluß zu erhalten.

Sobald Sie etwas kompetenter sind, werden mehr Leute mit Sprach-Nachhilfewünschen an Sie herantreten, als Ihre Zeit dies zuläßt.

Solange Ihnen die Sprachstunden selbst Spaß machen, verbessern Sie dabei Ihre eigenen Sprachkenntnisse auf interessante Art ständig weiter.

Expertentum kommt in Sicht. Ihr Wert für Ihre Firma steigt, und Sie werden früher oder später feststellen, daß die Gabe, mit Menschen umzugehen, *weit höher* und in jeder Hinsicht besser honoriert wird als die Beherrschung einer Sprache. Hier nützt Ihnen der Aktiv-Passiv-Test!

Ich rate Ihnen auch zum Lernen mit Freunden.

Eine größere Welle an Taschengeld erhalten Sie, wenn Sie zwei oder drei Personen in der Gruppe, die ungefähr die gleichen Kenntnisse haben, gemeinsam unterrichten.

Sobald Sie sich das zutrauen, können Sie Adressen auch vom Autor, der durch Einzelanfragen überlastet ist, erhalten. Postkarte genügt.

Der nächste Schritt würde darin bestehen, einen kleinen Vortrag oder zwei bis drei Abende pro Woche Unterricht an Ihrer Volkshochschule und an anderen Bildungseinrichtungen zu halten. Ich berate Sie gern. Starten Sie den Unterricht als Hobby. Qualifizieren Sie sich.

Wer viel wissen und können will, sollte niemals aufhören zu lernen.

Lebenslanges Lernen unterstützt die eigene Selbstentfaltung. Wenn Sie den am Beginn dieses Buches erwähnten Aktiv-Passiv-Test neu ausfüllen, werden Sie feststellen, daß Sie aktiver geworden sind.

Bringen Sie nach und nach Aktiv- und Passiv-Eigenschaften in ein reißverschlußartig wechselndes Gleichgewicht wie Tag und Nacht.

Beides ergänzt sich ideal zu Ihrem Erfolg!

Ihre Einstellung und das positive Denken

A. Nutzen Sie jede Gelegenheit, um Ihr positives Denken weiter zu verbessern. Auch wenn Sie schon eine positive Einstellung haben, kann diese immer noch positiver werden.

Dies hilft aus Feinden Freunde, aus Schwierigkeiten Chancen und aus Kleinem Großes zu machen.

B. Nach C. G. Jung ist unser wachbewußtes Denken nur die Spitze des Eisbergs. Erfahrungen, Erinnerungen und Ihre Träume bei Nacht haben einen weitaus größeren Einfluß auf die Erfolge des Tagesgeschehens, als uns im allgemeinen bewußt ist.

C. Deswegen sollten Sie in Ihrem Unterbewußtsein immer mehr positive Bilder und Erlebnisse speichern als negative.

Verlieren Sie nicht zu viel Zeit mit negativen Nachrichten, Meldungen und zweitklassiger Literatur, sondern beleben Sie alle Erfolgserlebenisse und positiven Verkaufsabschlüsse, alles privat Erfreuliche, um Ihre Persönlichkeitsstruktur mit angenehmen Schwingungen zu durchtränken.

Je mehr Platz Sie positiven Eindrücken geben, desto mehr Zeit und Raum entziehen Sie den negativen Erinnerungen. So programmieren Sie sich zuverlässig auf Erfolg.

D. Die beste Zeit, um Ihr Unterbewußtsein mit positiven Eindrücken zu imprägnieren, ist fünf bis zehn Minuten vor dem Einschlafen, ebenso wie dieselbe Zeit unmittelbar nach dem Erwachen.

E. Suchen Sie sich Zielbilder, die Sie kraft Ihrer positiven Gedanken mit geistiger Energie laden. Versuchen Sie dann, Ihre Ziele mit allen fünf Sinnen zu erfassen und zu konkretisieren. So bekommen Sie das nötige Gefühl der Sicherheit, um Ihre Ziele verwirklichen zu können.

Selbstentfaltung durch Traumsteuerung

1. Verwenden Sie zuerst die Tips des Kapitels »Ihre Einstellung und das Positive Denken« für Ihre Traumsteuerung, damit Sie die feinste und positivste »Wellenlänge« innerlich erreichen.
2. Träumen ist ein Ausgleichsmechanismus, der auf höherer Ebene Ihre Zufriedenheit dadurch herstellt, daß er Sie all das erleben läßt, was Ihnen der Tagesablauf »nicht gegönnt« hat. Dadurch bleibt Ihr inneres Gleichgewicht zwischen »Haben wollen« und »tatsächlich Erreichen« gewahrt. Darum träumen arme Menschen von viel Geld und Reiche von Gesundheit und Freizeit.
3. Nutzen Sie die höhere Weisheit der Traumfunktion in der Entspannung per Tagtraumsteuerung so: All das, was noch nicht ist, sollten Sie sich vorstellen, damit es in Ihnen werden (wachsen) kann. Dadurch, daß Sie das Fehlende per Phantasiebild in sich erschaffen, erwerben Sie die Fähigkeit, es draußen leichter zu finden und zu erkennen.

Alles, was Sie brauchen, ist irgendwo in irgendeiner Weise bereits vorhanden. Schauen Sie sich um!

4. Der Traum ist die Bildersprache des Unterbewußtseins. Imprägnieren Sie Ihr Unterbewußtsein mit positiven Bildern. Wenn die positiven Bilder mehr als 50 % einnehmen, beginnen Sie zu siegen. Die sichtbaren Resultate des Tages sind nur die Spitze des Eisbergs.
5. Durch Erfolgsbilder können wir unser Unterbewußtsein in eine gewünschte Richtung programmieren und nach Erfahrungsauswertung Richtungsänderungen vornehmen. Das gedankliche Festhalten von Erfolgserlebnissen hilft, »die moti-

vierenden Wellenlängen« öfter bei sich einschalten zu können. Dies ist besonders wichtig für das Verkaufen.

6. Steuern Sie beim Einschlafen die Traumrichtung und -ebene selbst. Seien Sie verursachend. Jeder ist seines Glückes Schmied. Gedanken erzeugen Bilder, Bilder innere Eigenschaften, Eigenschaften führen zu Fähigkeiten, Fähigkeiten zu Taten. Mit Worten und Taten formen Sie Ihr Schicksal selbst. So erheben Sie sich durch Fähigkeitssteigerung nach und nach über die momentanen Umstände und kreieren innere und äußere Freiheiten.

Geistige Arbeitstechniken

1. Verwenden Sie Merkzettel zur Einübung derzeit wichtiger Punkte wie z. B. *Lerne Schweigen, Verstärke Erfolgreiches, Erschaffe Zielbilder* und *Kommuniziere über betriebliche Prioritäten.*

2. Entwickeln Sie auch Ihre höheren und feineren Fähigkeiten. Der Träger der noch ungenutzten Talente ist der Gedanke.

3. Achten Sie auf Ihre geistige Wellenlänge und womit Sie Ihre Gedanken nähren. Tauschen Sie Illustrierte, zuviel Fernsehen und zweitklassige Literatur gegen Erfolgsliteratur und Literatur über Positives Denken aus (z. B. Dr. Joseph Murphy).

4. Unterscheiden Sie täglich Wichtiges und Unwichtiges. Legen Sie in das Wichtige gedanklich mehr Absicht hinein und verbessern Sie ständig Ihre Einstellung in diese Richtung. Unsere Einstellung ist sehr ausschlaggebend für den raschen Erfolg unseres Tuns.

5. Damit unsere Taten volles Gelingen bringen, ist die Auswertung unseres Einflusses auf andere Menschen in der Umgebung wichtig.

6. Denken heißt Erschaffen. Gedanken sind Urbilder, die sich verwirklichen. Gedanken, die sich schneller realisieren sollen, brauchen wir nur in ein Vorstellungsbild zu kleiden und wir haben den Realisierungsprozeß beschleunigt.

7. Jeder positive Entschluß intensiviert unsere Geisteskräfte beachtlich.

8. Jeder Gedanke wird Wirklichkeit. Denkgewohnheiten graben sich tief in das Antlitz ein. Jeder Mensch entscheidet in jeder Minute selbst darüber, mit welchen Gedankenströmen, positiven oder negativen, er sich beschäftigt und auf sich und andere einwirken will.

9. Der Mensch, der mehr in Bildern denkt, wird zu einem mächtigen Baumeister seiner Welt. Er leitet so seine täglichen Aufmerksamkeiten direkter auf wesentliche Punkte. Vorstellungskraft sammelt die Konzentration in geordneten Zielbildern und ist sehr wirksam bei jeglicher Vorplanung bis dahin, damit wir das Bildhafte dann auch leichter und wirksamer tun können.

10. Je mehr wir uns unserer Gedankenkräfte bewußt werden, desto intensiver lernen wir, diese einzusetzen.

11. Durch Bilder verwirklicht sich jeder Gedankenvorgang. Das Denken besteht aus einer Reihe fortschreitender Bilder, welche zusammen zu einer Handlung führen können. Der Gedanke ist also die erste Tat. Sobald wir für unser Denken Verantwortung übernehmen, benutzen wir es in der Regel effizienter.

12. Durch Gedanken können willkürliche Kräfte in Bewegung gesetzt werden, deren Abbremsung oft die eigenen Fähigkeiten übersteigt.

Ausklang

*Betrachtung der Anwendungspraxis
im täglichen Leben*

Selbstverständlich können Sie stolz sein, wenn Sie Ihren Sprachwortschatz aufgefrischt oder erweitert haben.

Sicher ist die Erlernung einer Fremdsprache ein großer Schritt in Richtung Lebenserfolg, insbesondere von der beruflichen Seite her. Machen Sie sich aber klar, daß das oft nur der Anfang einer größeren Entwicklung und Fortbildung der eigenen Person ist.

Um dauerhaft Erfolg zu haben, ist es günstig, wenn Sie sich – zusätzlich zu Ihren nun rasch wachsenden Sprachkenntnissen – noch mit einigen inneren Eigenschaften ausrüsten.

Daß es innere Eigenschaften gibt, die es ermöglichen, das eigene Leben besser in den Griff zu bekommen und den Mitmenschen gegenüber eine gewisse Führungsposition einzunehmen, haben wir im Aktiv-Passiv-Test, speziell auf das Sprachenlernen bezogen, schon angedeutet.

Noch besser kommen Sie mit Ihren Sprachkenntnissen voran, wenn Sie sich nachfolgend 24 **Genie-Eigenschaften** anschauen. Genie-Eigenschaft Nr. 24, das Vorstellungsvermögen, haben Sie bei unserem sehr kuriosen Aktiv-Lernen schon entwickelt. Diese Kraft der Vorstellung – auch Imagination genannt – steht am Beginn jeder kreativen Tätigkeit. Durch Vorstellungsvermögen werden Sie Ihre eigene Kreativität erst so richtig entfalten können.

Sie können damit phantasievoll Ihre Zukunft vorausplanen und das Geplante Stück für Stück bei jeweils günstigsten Umgebungsbedingungen umsetzen.

Durch bildhaftes Denken sehen Sie die günstigsten Umgebungsbedingungen ebenfalls rascher.

Stellen Sie auch bildhafte Vergleiche und Analogien an. Viel Spaß dabei!

Bedenken Sie, daß jeder Mensch – natürlich auch Sie – diese 24 Genie-Eigenschaften in sich trägt. Kreuzen Sie die Eigenschaften an, die Ihnen für die weitere Verwirklichung Ihrer Sprach- und anderen Kenntnisse vorteilhaft erscheinen. Wenn Sie Ihre Aufmerksamkeit und Konzentration gezielt auf die zu fördernden Fähigkeiten lenken, können Sie diese nach und nach entwickeln und entfalten. Und dies sind die 24 Eigenschaften, die Genies gemeinsam haben:

24 Qualitäten, die Genies gemeinsam haben

»Die größten Genies der Welt hatten alle 24 Persönlichkeitscharakteristiken gemeinsam – und Sie können die gleichen Charakterzüge in sich selbst entdecken«, sagt ein Experte,

Die meisten Leute haben die irrtümliche Idee, daß Genies geboren, nicht gemacht werden, erklärte der klinische Psychologe Dr. Alfred Barrios, Gründer und Direktor des ›Self-Programmed Control Center of Los Angeles‹ und Autor des Buches *Towards Greater Freedom and Happiness* (Auf dem Weg zu mehr Freiheit und Glück).

Aber wenn Sie sich das Leben der größten Genies der Welt anschauen – wie z. B. Edison, Sokrates, DaVinci, Shakespeare, Einstein –, dann werden Sie entdecken, daß sie alle 24 Persönlichkeitscharakteristiken gemeinsam hatten.

Dies sind aber Charakterzüge, die jeder entwickeln kann. Es macht keinen Unterschied, wie alt Sie sind, wieviel Ausbildung Sie haben oder was Sie bis jetzt erreicht haben. Wenn Sie sich diese Persönlichkeitscharakteristiken zu eigen machen, befähigt Sie das, auf der Stufe eines Genies zu arbeiten.

Hier sind, von Dr. Barrios aufgelistet, die 24 Charakteristiken, die Genies dazu befähigen, neue und ergebnisreiche Ideen zu entwickeln:

1. **Tatkraft.** Genies haben ein starkes Verlangen, hart und lang zu arbeiten. Sie sind gewillt, alles, was sie haben, an ein Projekt zu geben. Entwickeln Sie Ihre Tatkraft, indem Sie sich auf Ihren zukünftigen Erfolg konzentrieren, und machen Sie weiter.

2. **Mut.** Man braucht Mut, um Dinge zu tun, die andere für unmöglich erachten. Hören Sie auf, sich darüber Sorgen zu machen, was andere Leute denken werden, weil Sie anders sind.

3. **Hingabe an Ziele.** Genies wissen, was sie wollen, und streben dem nach. Bekommen Sie die Kontrolle über Ihr Leben und Ihren Zeitplan. Sie sollten täglich etwas Spezifisches haben, das Sie zustande bringen.

4. **Wissen.** Genies sammeln fortlaufend Information an. Gehen Sie niemals nachts schlafen, ohne wenigstens eine neue Sache an diesem Tag gelernt zu haben. Lesen Sie. Und fragen Sie Leute, die wissen.

5. **Aufrichtigkeit.** Genies sind offen, geradeheraus und aufrichtig. Übernehmen Sie die Verantwortung für Dinge, die falsch laufen. Seien Sie gewillt zuzugeben, »Ich habe Blödsinn gemacht«, und lernen Sie aus Ihren Fehlern.

6. **Optimismus.** Genies bezweifeln niemals, daß sie ihr Ziel erreichen werden. Richten Sie Ihre Gedanken bewußt auf etwas Gutes, das kommen wird.

7. **Urteilsfähigkeit.** Versuchen Sie, die Tatsachen einer Situation zu verstehen, bevor Sie urteilen. Werten Sie Dinge auf einer aufgeschlossenen, unvoreingenommenen Basis aus und seien Sie gewillt, Ihre Ansicht auch einmal zu ändern.

8. **Enthusiasmus.** Genies sind von dem, was sie gerade machen, so begeistert, daß dies andere dazu ermutigt, mit ihnen zusammenzuarbeiten. Glauben Sie daran, daß die Dinge gut ausgehen werden – ohne inneren Vorbehalt.

9. **Bereitschaft,** Chancen zu ergreifen. Überwinden Sie Ihre Angst vor dem Mißerfolg. Sie werden sich nicht mehr davor fürchten, Chancen wahrzunehmen, wenn Sie einmal erkannt haben, daß Sie aus Ihren Fehlern lernen können.

10. **Dynamische Energie.** Bleiben Sie nicht im Lehnstuhl sitzen und warten Sie, daß sich etwas Gutes ereignet. Seien Sie fest entschlossen zu machen, daß es passiert.

11. **Unternehmungsgeist.** Genies sind Leute, die günstige Gelegenheiten suchen. Seien Sie gewillt, Jobs zu übernehmen, die andere nicht anrühren würden. Fürchten Sie sich niemals davor, das Unbekannte zu versuchen.

12. **Überzeugungskraft.** Genies wissen, wie sie Leute motivieren müssen, damit diese ihnen helfen vorwärtszukommen. Sie werden es einfach finden, überzeugend zu sein, wenn Sie an das glauben, was Sie tun.

13. **Aus-sich-herausgehen.** Ich habe herausgefunden, daß Genies sich leicht Freunde machen und daß sie unbefangen bezüglich ihrer Freunde sind. Seien Sie jemand, der Auftrieb gibt (a booster), nicht jemand, der andere hinunterdrückt. Diese Einstellung wird Ihnen viele wertvolle Freunde einbringen.

14. **Fähigkeit zu kommunizieren.** Genies sind fähig, anderen Ihre Ideen auf effektive Weise mitzuteilen. Nehmen Sie jede Möglichkeit wahr, um Ihre Ideen anderen Leuten zu erklären.

15. **Geduld.** Seien Sie die meiste Zeit über mit anderen geduldig, aber seien Sie immer ungeduldig mit sich selbst. Erwarten Sie von sich selbst viel mehr als von anderen.

16. **Empfindungsvermögen.** Genies haben ihren geistigen Radar die ganze Zeit über in Betrieb. Denken Sie mehr an die Bedürfnisse und Wünsche anderer als an ihre eigenen.

17. **Perfektionismus.** Genies können Mittelmäßigkeit nicht tolerieren, schon gar nicht bei sich selbst. Seien Sie niemals leicht zufrieden mit sich selbst. Seien Sie immer bestrebt, es besser zu machen.

18. **Sinn für Humor.** Seien Sie gewillt, über sich selbst zu lachen. Seien Sie nicht beleidigt, wenn der Witz auf Ihre Kosten geht.

19. **Geistige Beweglichkeit.** Je mehr Dinge Sie zu vollbringen lernen, desto mehr Selbstvertrauen werden Sie entwickeln. Schrecken Sie nicht vor neuen Anstrengungen zurück.

20. **Anpassungsfähigkeit.** Flexibel zu sein befähigt Sie, sich bereitwillig an sich verändernde Verhältnisse anzupassen. Sträuben Sie sich dagegen, Dinge auf dieselbe alte Art zu machen. Seien Sie gewillt, neue Entscheidungen in Betracht zu ziehen.

21. **Wißbegierde.** Eine wißbegierige, neugierige Einstellung wird Ihnen helfen, neue Informationen aufzuspüren. Fürchten Sie sich nicht davor zuzugeben, daß Sie nicht alles wissen. Stellen Sie immer Fragen, wenn Sie etwas nicht verstehen.

22. **Individualismus.** Tun Sie Dinge auf die Art und Weise, wie Sie denken, daß sie getan werden sollten, ohne jemandes Mißbilligung zu fürchten.

23. **Idealismus.** Bleiben Sie mit den Füßen auf der Erde – aber tragen Sie Ihren Kopf in den Wolken. Streben Sie danach, große Dinge zu erreichen, nicht nur für sich selbst, sondern auch für die Verbesserung der Menschheit.

24. **Vorstellungskraft.** Genies wissen, wie man in neuen Kombinationen denkt, sie sehen Dinge von einer anderen Perspektive aus als irgend jemand sonst. Entwirren Sie Ihre geistige Umgebung, um diese Art von Vorstellungskraft zu entwickeln. Geben Sie sich selbst jeden Tag Zeit, um zu träumen, um sich Dinge vorzustellen, um in ein verträumtes Innenleben hineinzutreiben, so, wie Sie es als Kind getan haben.

Raschere Umsetzung Ihrer Kenntnisse, Eigenschaften und wachsenden Fähigkeiten

Nachdem Sie nun Ihre innere Entfaltung betreiben, wollen wir uns gleichzeitig auch mit der äußeren Umsetzung beschäftigen. Ob es um Ihre ständig zunehmenden Sprachkenntnisse oder Ihre bei aller Bescheidenheit und allem Realitätssinn langsam anwachsenden Genie-Eigenschaften geht, in beiden Fällen ist die »Praxis« oft einfach der nächste Mensch, mit dem Sie sprechen.

Fazit: Der Grund, warum einigen Schülern das Lernen von Vokabeln und anderen Fächern und Fakten leichter fällt, liegt oft in der bisherigen Entwicklung der Geisteskräfte ihrer Persönlichkeitsstruktur, dem Interesse, der inneren Einstellung zu Lernfortschritten, der posisitven Umgebung und der Gestaltung des eigenen Tagesplanes begründet.

Machen Sie sich bewußt, daß alle zusätzlich in diesem Buch gelehrten Faktoren das Lernen motivierend unterstützen, die Sinnfrage verbessern und die wichtigste Voraussetzung, die innere Einstellung zum Lernen und Leben, entwickeln helfen. Sie sind unverzichtbar, und oft bringt erst zweimaliges Lesen des Buches die richtige »Verdauung« und Vertiefung und so das richtige Verständnis.

Verstehen ist wichtiger als Lernen.

Die Videocassette zum Buch

Der Weg zum Supergedächtnis
mit Roland R. Geisselhart
Trainingscassette
DM 98,–

Der Weg zum Supergedächtnis
mit Roland R. Geisselhart
Trainingscassette für
Management und Führungskräfte
DM 149,–

zu bestellen bei:

Medien Service Hiltmann
Donaustr. 13, 7990 Friedrichshafen

oder

Geisselhart Team
Postfach 2904, 7990 Friedrichshafen 1